신약 종주

예수님과 함께 걷는 여정

신약 종주

예수님과 함께 걷는 여정

안소근 지음

성서와함께

차 례

I 길을 떠나기 전에

1. 신약 종주를 시작하며   13
2. 신약은 어떻게 생겼나?   18
3. 예수님 탄생 때까지의 역사   23
4. 헤로데, 로마의 통치   29
5. 사두가이와 바리사이   35
6. 쿰란 공동체   40

II 네 복음서

1. 복음, 복음서   49
2. 마태 1-2장: 예수님의 탄생   54
3. 마태 5장: 참된 행복   59
4. 마태오 복음서와 구약 율법   64
5. 마태 13장: 하늘 나라의 비유   69
6. 마태 23-25장: 하늘 나라의 도래   74
7. 마르 1장: 복음서의 구조   79
8. 마르 1장: 카파르나움에서의 하루   84
9. 마르 9-10장: 예루살렘으로 가는 길   89
10. 마르 11-16장: 마지막 한 주간   94
11. 루카 1장: 테오필로스를 위한 두 권의 책   99
12. 루카의 고유 자료: 잃은 이들에 대한 관심   104
13. 루카 24장: 부활   109
14. 요한 1장: "한처음에 말씀이 계셨다"   114
15. 요한 1-12장: 표징의 책   119
16. 요한 13-21장: 영광의 책   124

III 사도행전

1. 사도 1장: 사도행전의 여정 … 133
2. 사도 2장: 성령 강림 … 138
3. 사도 2-12장: 예루살렘, 유다, 사마리아 … 143
4. 사울 – 바오로 … 148
5. 사도 13-28장: 바오로 사도의 선교 여행 … 153

IV 바오로 서간

1. 바오로 서간 입문 … 163
2. 로마 1-4장: 믿음과 의화 … 169
3. 로마 5-8장: 의롭게 된 이들의 삶 … 174
4. 로마 9-11장: 이스라엘의 구원 … 178
5. 1코린 1-4장: 공동체의 일치 … 183
6. 1코린 7-16장: 여러 문제에 대하여 … 188

7. 코린토 2서: 바오로의 사도직	192
8. 갈라티아서: 그리스도인의 자유	197
9. 에페소서: 하느님의 계획	201
10. 필리피서: 바오로의 기쁨	206
11. 콜로새서: 그릇된 가르침	211
12. 테살로니카 1서: 주님의 재림	216
13. 테살로니카 2서: 재림을 기다리는 삶	221
14. 티모테오 1·2서: 사목 서간	226
15. 티토서: 건전한 가르침	231
16. 필레몬서: 그리스도인의 형제애	236
17. 히브리서 입문	241
18. 히브 1-10장: 대사제 그리스도	246
19. 히브 11-13장: 믿음의 생활	251

V 다른 사도들의 서간

1. 야고보서: 실천하는 믿음 　　　　　259
2. 베드로 1·2서: 박해와 희망 　　　　264
3. 요한 서간: 작성 목적 　　　　　　269
4. 요한 서간: 진리와 사랑 　　　　　274
5. 유다 서간: 믿음을 위한 싸움 　　　279

VI 요한 묵시록

1. 요한 묵시록 입문 287
2. 묵시 1-3장: 일곱 교회에 보내는 말씀 292
3. 묵시 4-18장: 봉인, 나팔, 표징 297
4. 묵시 19-22장: 완성 302

종주를 마치며 307

I
| 길을 떠나기 전에 |

신약 종주를 위해 길을 나섭니다. 구약 종주를 하지 않았어도 괜찮습니다. 신약성경은 예수님과 함께 걸어가는 책입니다. 복음서 저자들과 사도들, 첫 교회 공동체들이 우리에게 예수님에 대한 증언을 들려줍니다. 이천 년 전 예수님께서 선포하신 기쁜 소식을 듣고 따라나선 이들과 같이, 우리도 길을 떠나 그분의 말씀에 귀를 기울입시다.

신약 종주를 시작하며

"우리는 모세가 율법에 기록하고
예언자들도 기록한 분을 만났소"(요한 1,45)

구약 종주를 먼저 하셨다면 자연스레 신약 종주로 이어지겠지요. 그러나 구약 종주를 안 하셨다면, 또는 아직은 그렇게 긴 여행을 할 엄두가 나지 않는다면, 신약 종주를 먼저 하셔도 괜찮습니다. 예수님의 말씀을 들었던 이들 모두가 구약을 알았던 사람들은 아니었으니까요. 바오로 사도처럼 유다인으로서 율법을 열심히 공부한 후에 예수님께 온 이들도 있었고, 이방인으로서 유다교를 거치지 않고 바로 복음을 듣고 그리스도인이 된 이들도 있었습니다.

구약 종주부터? 신약 종주부터?

두 길 모두 의미가 있습니다. 구약을 먼저 읽는 길은 바오로 사도가 유다인들에게 설교할 때에 썼던 방법입니다. 바오로 사도는 구약에 들어 있는 예언과 하느님의 말씀을 이미 알고 있던 이들에게, 그 모든 말씀이 예수님에게서 완성되고 성취되었다고 알려 주었습니다. "하느님께서 예전에는 예언자들을 통하여 여러 번에 걸쳐 여러 가지 방식으로 조상들에게 말씀하셨지만, 이 마지막 때에는 아드님을 통하여 우리에게 말씀하셨습니다"(히브 1,1-2). 구약을 먼저 읽고 신약을 읽는다면, 구약에서 이스라엘이 기다렸던 모든 것이 신약에서 성취됨을 보게 될 것입니다. 이것이 구약과 신약의 관계이기도 합니다. 우리 그리스도인들은 구약을, 신약을 향하여 서서히 다가오는 길로 이해합니다.

한편 신약을 먼저 읽는 길은, 보통 우리가 그리스도교 신앙에 입문한 길이기도 합니다. 사실 우리 가운데 대부분은, 유다인들처럼 구약을 먼저 알고 그다음에 예수님을 알게 된 것이 아니라 예수님을 알고 난 후에 구약을 접했습니다. 복음 선포를 듣고, 예수님 안에서 일어난 일들을 보고, 하느님 나라를 알게 됩니다. 그다음에 예수님 안에서 온전히 모습을 드러내신 하느님이 어떤 분이신지 더 잘 알기 위해 구약을 읽습니다. 그렇게 함으로써 예수님 안에서 완성된 그 하느님 나라의 의미가 무엇인지를, 하느님과 인간 사이에 오랜 기간에 걸쳐 엮인 구약 계시의 역사 안에서 더 깊이 이해하게 되는 것입니다.

신약, 새 계약

어느 순서로 읽든, 구약과 신약은 서로 긴밀히 연결되어 있습니다. 성 아우구스티노는 이 관계를 "신약은 구약 안에 숨겨져 있고 구약은 신약 안에서 밝혀진다"고 요약합니다. 같은 신약 본문을 읽으면서도, 구약을 아는 사람은 그 본문에서 더 많은 것을 읽어 낼 수 있습니다. 신약에서 한마디 말을 할 때 그것이 어떤 과정을 거쳐 신약성경에 등장하게 된 것인지를 알기 때문입니다. 신약성경 저자들은 모두 구약을 아주 잘 알고 있었습니다. 그래서 그들이 말 한마디를 쓸 때에는 그 말이 구약에서 지닌 의미를 바탕에 깔고 있었습니다. 예를 들어 신약新約, 곧 새 계약이라는 표현도 그렇습니다. 예레 31장에서 하느님은 이스라엘에게 과거에 시나이산에서 맺어 주신 계약을 완성하는 새 계약을 약속하셨고, 히브 8-10장에서는 예수님께서 "새 계약의 중개자"(9,15)이심을 설명합니다. 여기서, 예레미야서를 모르면서 히브리서가 말하는 바를 깊이 이해할 수 있을까요? 시나이 계약을 모른 채 새 계약을 알 수 있을까요?

한편 같은 구약의 본문을 읽으면서도, 신약을 받아들이고 예수님께서 구약에 약속된 메시아이심을 믿는 그리스도인들은 그 본문에서 유다교 신자들과는 다른 내용을 더 읽어 낼 수 있습니다. 위에 인용한 아우구스티노의 말에서, 구약은 신약 안에서 밝혀진다고 했지요. 구약에서 약속되고 점차로 이루어져 간 것들을, 우리는 예수 그리스도 안에서 이루어질 완전한 성취를 향한 중간 단계들로 이해하기 때문입니다.

그런 점에서 미리 한 가지를 말씀드린다면, 구약보다 신약을 먼저 읽으시는 분들은 신약 종주를 마치고 나면 꼭 구약 종주에 도전해 보시기 바랍니다. 그리스도교 신앙을 위해서는 물론 신약이 가장 중요하고 기본인 책이지만, 구약은 신약에 대한 이해를 더 깊게 해 주는 가장 훌륭한 도움이기 때문입니다.

신약 종주를 위한 지도 준비

그럼 신약 종주는 어떤 순서로 할까요? 여행을 위해서는 지도가 필요합니다. 구약 종주에서는 구약의 간략한 역사를 지도로 삼았습니다. 오랜 기간에 걸쳐 각 시대의 역사적 배경 안에서 형성된 구약은, 시대 순서로 읽는 것이 이해하기에 더 쉽기 때문입니다.

하지만 신약 종주에서는 성경의 차례를 그대로 지도로 쓰려고 합니다. 복음서의 작성 연대나 바오로 서간들의 작성 순서는 일단 덮어 두겠습니다. 이렇게 하는 것은 신약성경을 펴 놓고 처음부터 끝까지 순서대로 읽으며 종주하기 위해서입니다. 시대 순서를 따라가려 한다면 성경을 앞뒤로 왔다 갔다 하면서 읽어야겠지요. 물론 성경의 순서를 따라 읽는 데에도 난점이 없지는 않습니다. 나무를 보다가 숲을 보지 못할 위험도 있습니다. 그래도 이번에는 그 길을 택해 봅시다. 구약 종주가 큰 산맥을 멀리서 바라보려는 시도였다면, 신약 종주는 더 천천히 걸어가며 돌과 나무를 가까이 들여다보는 여정이 될 것입니다.

지도를 따라 신약성경 첫 장을 읽기 전에 여행 짐을 좀 더 준비하겠습니다. 먼저 신약성경이 어떻게 생겨난 책인지 그 형성 과정을 들여다보고, 구약 시대의 끝 무렵부터 신약 시대까지의 역사와 당시 사회에 대해서 살펴볼 것입니다. 안타깝게도 그 역사는 상당히 복잡합니다. 그래서 "아, 복잡한 시대였구나"라는 결론으로 끝날지도 모르겠습니다. 그만큼 복잡한 시대에 예수님이 태어나셨고, 사도들이 복음을 전하여 교회가 시작되었으며, 그 시대의 다양한 문화가 신약성경에 영향을 미쳤습니다.

신약성경만큼 예수님에 대해 가까이서 전해 주는 책은 없습니다. 예수님에 대한 소문을 듣고 곳곳에서 모여 와 먹을 것 없는 광야에서도 예수님 곁을 떠나지 않고 그분의 선포에 귀를 기울였던 이들처럼, 신약성경 저자들이 생생하게 전해 주는 증언들을 통해 예수님을 만나기 위해 우리도 길을 떠납시다. 주님께서 우리에게 생명의 양식을 주실 것입니다.

신약은 어떻게 생겼나?

"말씀의 종이 된 이들이 우리에게 전해 준 것"(루카 1,2)

"신약은 어떻게 생겼나?"라는 제목에 두 가지 의미를 담았습니다. 한편으로는 신약성경이 어떤 모습을 하고 있는지 그 '짜임새'를 살펴보고, 다른 한편으로는 그러한 모양을 지닌 신약성경이 어떻게 생겨났는지 그 '형성 과정'을 알아보려고 합니다.

신약성경의 짜임새

우리가 신약 종주의 지도로 삼은 신약성경의 차례를 보면, 네 복음서가 있고 그다음에 여러 서간이 나옵니다. '복음'은 기쁜 소식이라는 뜻이고, 복음서는 기본적으로 예수님의 말씀과 행적을 기록한 책입니다. 복음서 가운데 마태오, 마르코, 루카 복음서는 서로 공통된 부분이 많아 함께 비교하며 읽을 수 있기 때문에 공관복음서라 하고, 요한 복음서는 이들과 계통이 다릅니다. 요한 복음서는 오히려 요한 서간이나 요한 묵시록과 공통점이 있습니다.

네 복음서 다음에는 사도행전이 있습니다. 사도행전은 루카 복음서에 이어지는 저서로서, 많은 부분에서 바오로 사도에 대해 이야기를 하고 있지만 서간들과 연결되기보다 복음서와 가깝게 연결됩니다. 루카 복음서가 주님의 승천으로 끝나고, 사도행전은 다시 승천에서 시작하여 그 이후 교회 공동체의 삶에 대해 전해 주는 책입니다

서간 가운데에는 전통적으로 바오로 사도가 쓴 것으로 여겨 온 서간들이 먼저 나옵니다. 로마서부터 필레몬서까지는 본문에서 바오로 사도를 저자로 내세우고 있습니다(그렇다고 꼭 실제로 바오로 사도가 썼다는 말은 아닙니다). 히브리서는 바오로 사도의 것으로 여기는 전통이 있었지만, 히브리서 본문에서 그렇게 주장하지도 않고, 현대의 연구에서도 바오로 사도의 편지로 여기지 않습니다.

본문에서 바오로 사도를 저자로 내세우는 서간들 가운데에서도, 바오로 사도가 직접 쓴 것으로 확실시되는 서간은 일곱 권 정도입니다. 나중에 서간들을 하나씩 살펴보겠지만, 일단 지금은 이들이 모두 확실한 바오로 사도의 글은 아니라는 사실만 짚어 둡니다.

다른 사도들이 저자로 되어 있는 편지는 야고보서, 베드로 1·2서, 요한 1·2·3서, 유다서입니다. 그렇다고 야고보 사도가 야고보서를 쓰고, 베드로 사도가 베드로 1·2서를 쓰고, 요한 사도가 요한 1·2·3서를 썼다고 확신하는 것도 아닙니다.

한편 요한 묵시록은 색깔이 전혀 다른 책이지요. 신약성경에서 유일하게 묵시문학에 속하는 독특한 책입니다.

이 모두는 예수님을 중심으로 합니다. 그래서 어쩌면, 신약 종주는 지리산 종주보다는 제주도 올레길을 닮았을지 모릅니다. 제주도에서는 어디에서나 한라산이 보이는 것처럼, 신약 종주에서는 한순간도 예수님이 우리 시야에서 벗어나는 일이 없기 때문입니다.

신약성경의 형성 과정

이렇게 책의 짜임새를 보면 복음서들이 먼저 나오지만, 신약성경에서 가장 먼저 형성된 부분은 복음서가 아니라 바오로 사도가 직접 쓴 서간들입니다.

예수님은 책을 쓰지 않으셨고, 예수님께서 하느님 나라의 복음을 선포하실 때 누가 그것을 받아 적은 것도 아닙니다. 예수님은 병자들을 고쳐 주시고 죄인에게 용서를 베푸시면서 만나는 이들에게 직접 말로 설교하셨습니다. 제자들에게 당신 말씀을 기록하라고 하신 일도 없습니다. 예수님께서 돌아가시고 부활하신 다음 사도들도 처음에는 자신들이 기억하는 예수님에 대해 직접 말로 설교했습니다.

기록을 하게 된 이유를 부정적으로 표현한다면, 목격 증인들이 직접 말로 전하는 데에 한계가 있었기 때문입니다. 그리스도교가 공간적으로 그리고 시간적으로 확장되면서, 말이 아니라 글로 전해야 할 필요가 생겼습니다. 예를 들어 바오로 사도가 서간을 쓴 시기는, 그가 여러 곳에서 복음을 전한 다음 교회 공동체들이 형성되었을 때입니다. 바오로 사도는 여러 교회에 동시에 있을 수 없었고, 서간은 떨어져 있는 교회들에 연락을 하기 위한 수단이었습니다. 교회들 편에서 바오로 사도에게 질문을 보내기도 했고, 사도가 먼저 어떤 내용을 전하기 위해 편지를 쓰기도 했습니다.

기록을 하게 된 또 다른 이유는, 시간이 흐르고 목격 증인들이 세상을 떠나기 시작하면서 예수님의 가르침과 사도들의 증언을 기록해 놓아야 할 필요가 생겼기 때문입니다. 목격 증인들에게서 들은 바를, 들은 이들이 다시 다른 이들에게 전하기 위해서 기록하기도 했습니다. 그래서 루카 복음서 저자는 "우리 가운데에서 이루어진 일들에 관한 이야기를 엮는 작업에 많은 이가 손을 대었습니다. 처음부터 목격자로서 말씀의 종이 된 이들이 우리에게 전해 준 것을 그대로 엮은 것입니다"(루카 1,1-2)라고 말합니다. 이렇게 해서 복음서가 생겨났습니다.

친저성과 경전성

저자 문제와 관련하여 덧붙여 둘 것이 있습니다.

바오로 사도가 썼다고 되어 있는 서간들 가운데 바오로 사도가 직접 쓰지 않은 서간도 꽤 여럿 있다고 했지요. 바오로 사도의 제자나 그의 가르침을 받아들인 이들 가운데 누군가 그 글을 썼겠지만, 누구인지는 알 수 없습니다. 복음서의 경우도 저자는 확실치 않을 수 있습니다.

그러나 여기서 잊지 말아야 할 것은, 저자가 누구이든 상관없이 그 책들은 이미 경전으로 인정받은 책이라는 사실입니다. 어떤 책이 경전으로 받아들여진 것은 그 저자 때문이 아니라, 그 책이 성령의 감도로 기록되어 신앙의 규범이 되는 책이기 때문입니다. "거룩한 어머니인 교회는 사도의 신앙에 따라 구약과 신약의 모든 책을 그 각 부분과 함께 전체를 거룩한 것으로, 또 정경으로 여긴다. 그 이유는 이 책들이 성령의 감도로 기록된 것이고, 하느님께서 저자이시며, 또 그렇게 교회에 전달되었기 때문이다"(계시 헌장, 11항). 바로 이러한 이유로, 저자가 누구이든 그 책의 한 마디 한 마디는 귀중합니다.

예수님 탄생 때까지의 역사

> "예수님께서는 헤로데 임금 때에
> 유다 베들레헴에서 태어나셨다"(마태 2,1)

신약 시대의 역사는 등장하는 나라와 인물이 많아 매우 복잡합니다. 간단히 줄여서 설명하도록 노력해 보겠습니다.

요한 히르카노스 1세, 아리스토불로스 1세

마카베오기는 마타티아스와 그의 셋째 아들 유다 마카베오, 다섯째 아들 요나탄, 둘째 아들 시몬의 활동을 기록했습니다. 기원전 142년에 유다는 독립을 얻었고 마카베오 집안은 하스몬 왕조가 되었습니다. 기원전 134년에는 시몬의 사위 프톨레마이오스가 시몬을 살해했으나, 왕위에 오른 것은 시몬의 아들 요한 히르카노스였습니다(재위: 기원전 134-104년). 그 후의 역사는 아무리 들여다봐도 복잡합니다.

요한 히르카노스 1세는 아버지의 뒤를 이어 유다의 영토를 확장했습니다. 기원전 128년에는 그리짐산에 있는 사마리아인들의 성소를 파괴하였고, 유다 남쪽의 이방인이던 이두매아인들에게는 할례를 강요하였습니다. 하지만 그는 이미 마카베오 형제들처럼 율법에 대한 열성으로 일어난 순교자가 아니라 세속적 지배자로 변질되어 있었습니다. 그래서 율법에 충실한 유다인들은 점점 더 하스몬 왕조에게서 등을 돌렸습니다.

요한 히르카노스의 뒤를 이은 임금은 그의 아들 아리스토불로스 1세였습니다(재위: 기원전 104-103년). 아리스토불로스는 어머니를 몰아내고 세 동생을 감금하고서 임금이 되었지만, 1년 만에 세상을 떠나고 말았습니다.

알렉산드로스 얀내오스, 살로메 알렉산드라

본래 아리스토불로스 1세의 아내였던 살로메 알렉산드라는 남편의 동생인 알렉산드로스와 결혼하며 그를 임금이 되게 하였습니다(재위: 기원전 103-76년). 왕조를 이어가기 위해서였습니다. 알렉산드로스 얀내오스는 알렉산드로스 대왕과 같은 대제국을 꿈꾸며 그의 이름을 취했고, 과연 다윗 시대만큼 영토를 확장하였습니다. 그렇다고 백성의 지지를 받은 것은 아닙니다. 군인이며 정복자인 사람이 동시에 대사제가 되는 것을 유다인들은 받아들일 수 없었습니다. 반란과 폭동이 이어졌고, 알렉산드로스 얀내오스는 폭도 팔백 명을 십자가에 처형하기도 했다고 합니다. 이러한 형벌은 이스라엘 역사상 없던 일이었습니다.

알렉산드로스 얀내오스가 세상을 떠난 다음에는 살로메 알렉산드라가 통치했습니다(재위: 기원전 76-67년). 얀내오스는 세상을 떠나기 전에 살로메 알렉산드라에게 바리사이파와 화해하라고 충고했다 하지요. 그것이 많은 이의 지지를 얻을 수 있는 길이었을 것입니다. 그녀의 통치는 이전과 이후의 임금들에 비하면 그래도 신중한 편이었습니다. 또한, 그녀는 대사제가 될 수는 없었기 때문에 대사제직은 아들 요한 히르카노스 2세에게 맡겼습니다.

요한 히르카노스 2세, 아리스토불로스 2세

살로메 알렉산드라 사후에는 일단 큰아들 히르카노스 2세가 임금이 되었지만(기원전 67년), 그의 동생 아리스토불로스 2세가 사두가이파의 도움으로 예루살렘을 공격하고 그를 몰아내었습니다(재위: 기원전 67-63년). 아리스토불로스가 더 강했기에 히르카노스의 부하들까지도 나중에는 그의 편에 가담했습니다.

그 후에 히르카노스 2세는 이두매아의 총독 안티파테르의 도움을 청했고, 또한 나바테아인들의 지원도 청하여 예루살렘을 공격하기 시작했습니다. 이런 상황에서 히르카노스 2세와 아리스토불로스 2세는 각각 막강한 힘으로 팽창하고 있던 로마의 지지를 얻으려고 했는데, 기원전 63년에 아리스토불로스 2세가 군사력을 움직이자 로마의 폼페이우스가 히르카노스 2세를 지지하면서 예루살렘을 공격하였습니다. 폼페이우스는 지성소까지 들어감으로써 성전을 모독하였으나 성전을 파괴하지는 않았습니다. 히르카노스 2세가 다시 대사제로 임명되었지만(재위: 기원전 63-43년) 임금이라는 호칭은 포기해야 했고, 이제 팔레스티나는 로마의 식민지가 되었습니다.

안티파테르

이 혼란 속에 실속을 챙긴 사람은 히르카노스 2세를 지지했던 안티파테르였습니다. 안티파테르는 헤로데 대왕의 아버지입니다.

히르카노스 2세가 로마에 도움을 청하여 폼페이우스가 예루살렘에 들어왔습니다. 그렇다고 해서 히르카노스 2세가 끝까지 폼페이우스에게 충실했던 것도 아닙니다. 로마의 정치 변동 속에서 히르카노스 2세와 그의 신하 안티파테르는 카이사르에게로 돌아서서 그를 돕고 보답으로 팔레스티나에서의 실권을 얻었습니다. 그래서 아리스토불로스 2세와 히르카노스 2세의 싸움 사이에서 진정한 승자는 안티파테르였다고 말하기도 합니다. 안티파테르는 총독으로 임명되었고, 두 아들 파사엘과 헤로데(미래의 헤로데 대왕)는 각각 유다와 갈릴래아의 영주가 되었습니다.

이후로 로마의 정치 상황은 끊임없이 변해 갔으나, 그 속에서도 안티파테르의 아들 헤로데는 로마로 가서 안토니우스의 지지를 얻는 데에 성공하고, 기원전 40년에 안토니우스와 옥타비아누스에게서 유다와 사마리아의 임금으로 임명되었습니다. 실제로 그때에는 아직 아리스토불로스 2세의 아들 안티고노스가 지배하고 있었지만, 기원전 37년에는 헤로데가 예루살렘을 점령하고 왕위에 올라 기원전 4년까지 통치했습니다. 예수님께서 태어나실 때 임금이었던 헤로데가 바로 이 헤로데 대왕입니다. 그렇다면, 예수님께서 태어나신 해는 기원후 1년이 아니라 기원전 4년 이전이라는 이야기지요.

중간에 포기하지 않고 여기까지 읽으신 분들은, 하스몬 왕조의 마지막 모습을 보면서 어떤 마음이 드십니까? 이 복잡한 이야기를 소개한 이유는, 외세의 침입과 박해에 맞서 일어났던 마타티아스의 후손들이 어떤 상황에 이르렀는지를 보여 드리기 위해서입니다. 성전과 율법을 지키기 위하여 목숨을 걸고 투쟁을 시작했던 마카베오 집안이 스스로 권력 다툼에 휘말리기 시작했을 때, 그 결과는 민족의 멸망이었습니다. 그리고 민족이 멸망한 상황에서도 사람들은 권력을 잡기 위해 애쓰고 있었습니다.

하스몬 왕조 계보

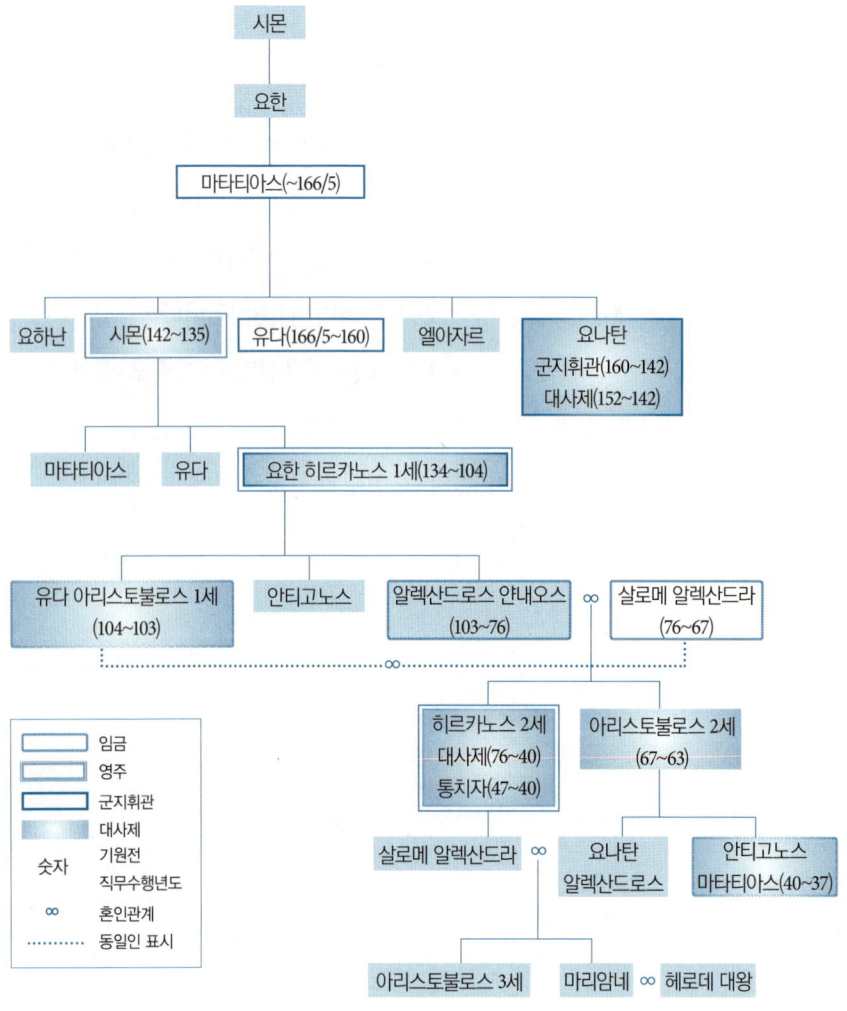

≪성서연대표≫ 부록 2

헤로데, 로마의 통치

"티베리우스 황제의 치세 제십오년…"(루카 3,1)

거두절미하고, 앞의 이야기를 바로 이어서 계속하겠습니다.

헤로데 대왕

안티파테르의 아들 헤로데의 통치는 잔인했습니다. 로마의 지지로 유다에서 권력을 잡은 그가 로마의 호의를 잃지 않으려 한 것은 당연합니다. 이두매아 출신이었던 그는 유다인들의 환심을 사려고 성전을 크게 개축하기도 했습니다. 그러나 충실한 유다인들은 그를 미워했습니다. 그는 사마리아를 세바스테라는 이름으로 재건하고 항구를 건설하여 카이사리아라고 명명했습니다. 또 한편으로 히르카노스 2세의 손녀 마리암네와 결혼하기도 했지만, 하스몬 집안을 경계하여 결국 마리암네와 아들 알렉산드로스를 죽이고 말았습니다. 마태 2장

I 길을 떠나기 전에

에 나오는 베들레헴의 아기들을 죽이라고 명하는 헤로데의 모습 역시 이러한 배경에서 이해할 수 있습니다.

헤로데의 아들들

헤로데 사후에는 그의 세 아들이 왕국을 나누어 통치했습니다. 아르켈라오스는 유다와 사마리아를 다스렸는데, 폭정에 불만을 품은 관리들이 로마의 아우구스투스 황제에게 폐위를 요청하여 결국 쫓겨났고 그가 다스리던 지역은 로마 총독에게 맡겨졌습니다. 이렇게 해서 로마 총독들이 이 땅에 들어오게 됩니다. 그들 가운데 하나가 기원후 26-36년에 이 지역을 다스렸던 본시오 빌라도입니다.

둘째 아들 헤로데 안티파스는 갈릴래아와 페레아를 통치했고, 복음서에서 예수님의 수난 때에 등장하는 헤로데가 바로 이 헤로데 안티파스입니다. 그는 아버지처럼 건축 사업에 관심을 기울여 티베리아스를 건설했습니다. 이복동생 필리포스의 아내 헤로디아와 결혼하여 세례자 요한에게 비난을 받은 것도 바로 그인데, 그는 39년에 칼리굴라 황제에 의하여 유배되었습니다. 헤로데의 셋째 아들 필리포스는 갈릴래아 호수의 북동쪽 지방을 다스렸습니다.

아그리파스 1세

필리포스가 세상을 떠난 후 시리아에 귀속되었던 그의 영토와 헤로데 안티파스가 다스리던 영토는 결국 헤로데 대왕의 손자인 아그리파스 1세에게 넘어갑니다. 로마 황제 클라우디우스가 그에게 로마 총

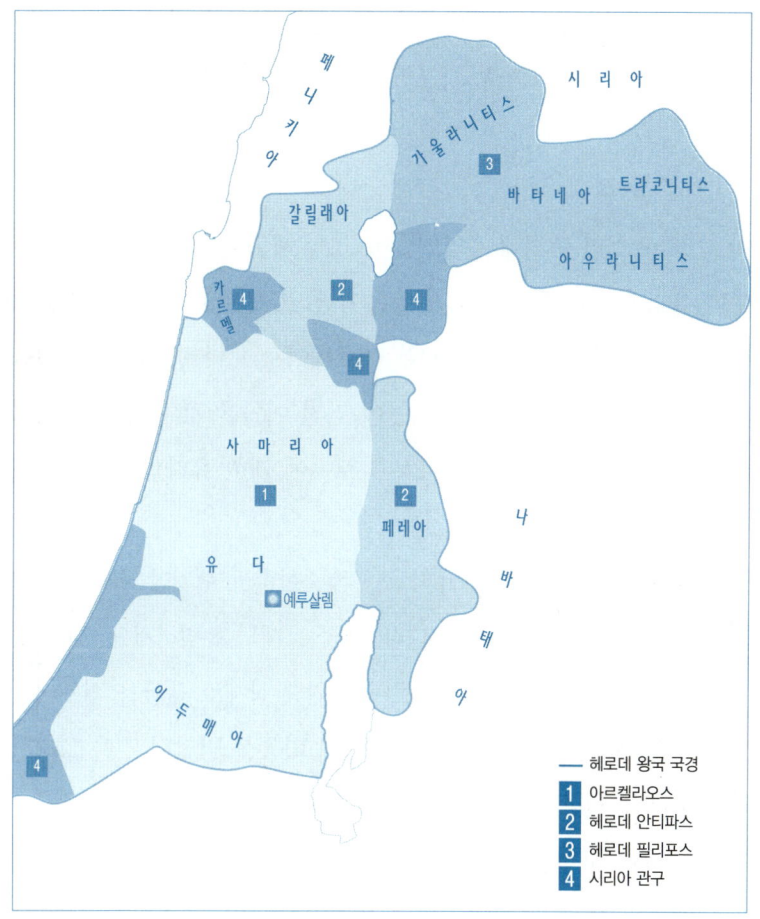

헤로데 왕국의 분할   《성서사십주간 성경지도》 지도 133

독이 다스리던 사마리아, 유다, 이두매아 땅까지 주었으므로, 그는 헤로데 대왕이 다스리던 지역 전체의 임금이 됩니다(기원후 41년). 그는 유다인들의 지지를 얻으려고 그리스도인들을 박해하였습니다. 그가 세상을 떠난 후 유다, 사마리아, 이두매아는 66년까지 계속 로마 총

I 길을 떠나기 전에　**31**

독이 통치했고, 전에 필리포스가 다스리던 영토와 아빌레네 정도만을 아그리파스 1세의 아들 아그리파스 2세가 다스렸습니다.

로마 총독의 통치

아르켈라오스의 폭정에 유다인들이 그의 폐위를 요청한 기원후 6년부터 유다와 사마리아에 로마 총독이 있었고, 아그리파스 1세가 세상을 떠난 기원후 44년 이후로는 이두매아도 로마 총독이 통치했습니다. 하스몬 집안과 헤로데 집안에 지친 이들은 로마 총독이 직접 다스리기를 요청한 것이지만, 그 후 로마에 대한 유다인들의 반감은 커져 갈 수밖에 없었습니다.

　로마인들은 공식적으로 유다교를 존중한다고 했지만, 유다인들에게 로마 종교 예식을 강요했습니다. 세금 문제도 유명하지요. 세금 징수를 개인에게 맡겼고, 그들은 로마를 위해 강제로 세금을 거두어들였습니다. 세금을 걷는 세리들이 백성의 미움을 받았던 것은 그러한 배경에서였습니다.

　이제 유다 구석구석이 들끓기 시작합니다. 기원후 7년경에도 이미 갈릴래아의 유다가 반란을 일으킨 일이 있었습니다. 반란은 진압되었으나 이때부터 열혈당원들이 생겨났습니다. 기원후 41년에는 로마인들이 성전에 황제의 상을 세우려 했기 때문에 폭동이 일어났습니다. 로마 순찰대가 토라 두루마리와 회당을 모독한 일도 있었습니다. 이러한 사건들은 여러 지역에서 유다인들의 반발을 불러일으켰습니다.

제1차 반로마 항쟁

대규모 소요가 일어난 것은 66년, 제1차 반로마 항쟁이었습니다. 로마 점령군들과 특히 총독 플로루스의 강압적 태도가 유다인들을 자극했을 뿐만 아니라, 플로루스가 성전 금고에서 17탈렌트를 꺼내 간 사건까지 발생하자 유다인들의 폭동이 시작되었습니다.

예루살렘 사람들은 성전을 점령했고, 이어서 반군은 처음에 마사다를 비롯한 여러 요새를 점령했습니다. 시리아에 있던 로마 총독 체스티우스가 진격해 왔지만 예루살렘을 점령하지 못하고 물러났습니다. 많은 이가 항쟁에 가담했습니다. 그렇지만 시간이 지나면서 반군은 약한 결속력과 내분으로 많은 어려움을 겪게 됩니다. 그들은 제대로 훈련받은 군대가 아닌 데다 무기와 장비도 부족했습니다.

일이 커지자 로마의 네로 황제는 베스파시아누스를 파견하였고, 그는 아들 티투스와 함께 갈릴래아를 공격하여 평정하고 예루살렘을 포위했습니다. 이런 상황에서 네로가 자살하고 로마의 정국이 매우 불안해져 공격이 중단되기도 하였으나, 70년에는 베스파시아누스가 황제로 등극하였고, 그 해에 예루살렘은 완전히 초토화되었습니다. 이때 성전도 불탔습니다. 71년 여름에 베스파시아누스와 티투스는 로마로 개선했고, 일부 반군은 마사다로 가서 끝까지 항거했지만 73년에는 마사다도 함락되었습니다.

타키투스와 요세푸스에 의하면, 이 항쟁 때에 60만 명이 죽었고 많은 유다인이 포로나 노예가 되었다고 합니다. 또한 예루살렘이 파괴된 이후, 이전보다 더 많은 유다인이 이집트의 알렉산드리아, 시리아의 안티오키아, 로마 등지로 흩어져 갔습니다.

제2차 반로마 항쟁

로마 황제 하드리아누스 치세 때인 132-135년에는 다시 제2차 반로마 항쟁이 일어났습니다. 그 원인은 하드리아누스가 할례를 금지했기 때문이라고도 하고, 아니면 그가 예루살렘 성전 자리에 유피테르 신전을 세우려 했기 때문이라고도 합니다. 항쟁의 지도자는 바르 코시바였는데, 랍삐 아키바가 그를 민수 24,17에 예언된 메시아라고 하였기 때문에 '바르 코크바'(별의 아들)가 그의 별칭이 되었습니다. 그러나 결국 반란은 로마인들에 의해 진압되었고 바르 코크바는 전사하였으며 랍삐 아키바는 로마인들에게 처형되었습니다. 제2차 항쟁에서는 약 85만 명의 유다인들이 죽임을 당했다고 전해집니다. 이후에 유다인들은 예루살렘에 들어갈 수 없게 되었고, 땅을 빼앗기고 완전히 흩어지게 되었습니다. 이렇게 하여 이스라엘 땅에서 이스라엘 민족의 역사는 막을 내립니다.

하스몬 집안에서 헤로데 집안으로, 다시 로마 총독들로. 이런 시대에 이스라엘 백성은 무엇을 기다렸을까요?

사두가이와 바리사이

"너희의 의로움이 율법학자들과 바리사이들의 의로움을
능가하지 않으면"(마태 5,20)

복음서에는 사두가이와 바리사이가 자주 등장합니다. 이들은 유다교 내의 주요한 종교 집단이었고, 예수님의 가르침은 그들의 주장과 대비됩니다. 그런 의미에서, 그 당시의 역사적 배경을 파악하기 위해 사두가이와 바리사이에 대해 살펴보고자 합니다.

사두가이

주로 사제들로 구성되어 있던 사두가이파는 기원후 70년 예루살렘 성전이 무너지면서 함께 몰락했고, 이후로 그들에 대한 기록이 거의 남아 있지 않습니다. 사두가이라는 명칭은 솔로몬 시대의 대사제 차독의 이름에서 나온 것으로 보이지만, 사두가이들이 실제 차독의 후손이었는지는 분명치 않습니다. 모든 사제가 사두가이였던 것도 아니고, 지방의 사제들은 오히려 바리사이에 속한 경우도 많았습니다. 사두가이들은 주로 예루살렘 귀족 계층에 속한 사제였습니다. 예루살렘에서 대사제는 최고 의회인 산헤드린의 의장이었고, 일부 사제들은 귀족 신분으로서 지속적으로 정치에 개입하며 지배 계층을 형성하고 있었습니다.

정치적인 면에서 사두가이들은 백성의 지지를 받지 못했습니다. 종교적인 면에서는 율법을 철저히 지키고 전통에 충실하고자 하였으나, 외세와 타협했던 정치적 태도는 열심한 유다인들이 보기에 지나치게 개방적이었습니다. 외세의 임금들이 뇌물을 받고 야손과 메넬라오스 등을 대사제로 임명했을 때 사두가이는 이를 묵인했습니다. 또한 뇌물을 주고 대사제로 임명된 이들이나 하스몬 집안 출신의 대사제들은 백성에게 정당성을 인정받지 못하는 경우가 적지 않았습니다. 사두가이는 처음에는 셀레우코스 왕조와, 그 후에는 하스몬 왕조, 마지막에는 로마인들과 손을 잡았습니다. 예수님의 재판 과정에서도 최고 의회는 로마 총독 빌라도와 같은 편에 서지요. 사두가이는 자신들의 권력을 지키기 위해서라면 누구하고든 타협했습니다.

교리적인 면에서 그들은 바리사이가 중시했던 구전 전승을 거부하고 기록된 율법만을 존중했으며, 죽은 이들의 부활을 믿지 않았습니다. 히브리 성경에서 확인되지 않거나 불분명한 교리는 거부했기 때문입니다. 이 시기 유다교에서 발전했던 천사와 악마에 관한 여러 내용도 받아들이지 않았습니다.

사두가이가 신학적으로는 보수적이면서 정치적으로는 현실적이었다는 점은 모순으로 보일 수 있는데, 내세를 인정하지 않는 사두가이의 신학 때문에 그만큼 더 현세를 중시하게 되었다고 이해할 수도 있을 것입니다. 그들이 중시했던 것은 오직 예루살렘 성전 예배를 유지하는 것이었고, 이를 통하여 자신들의 기득권을 보전했습니다. 이것이 그들의 관심사였습니다. 어쨌든, 예루살렘 성전이 파괴되면서 사두가이는 완전히 기반을 잃고 말았습니다. 신약성경에서 그들이 바리사이들에 비해 드물게 언급되는 이유는, 신약성경이 형성되던 시기에는 이미 그들의 영향력이 미미한 상태였기 때문이기도 합니다. 예루살렘 성전이 1세기 이후에 다시 재건되지 않았으므로 이스라엘에서는 사제 계층이 다시 일어날 수 없었지만, 지금도 회당 예배의 몇 가지 역할은 사두가이의 후손에게 유보되어 있다고 합니다.

바리사이

바리사이라는 명칭은 '분리하다', '가르다'라는 히브리어와 아람어 동사에서 나온 것으로 보입니다. 이 이름은 아마도, 하스몬 왕조가 세속화되어 감에 따라 바리사이가 그들을 멀리하고 그들에게서 떨어져 나왔음을 의미할 것입니다.

사두가이와 달리, 바리사이들은 성문 율법 외에 구두로 전해진 율법도 존중하였고 죽은 이들의 부활과 영혼의 불멸, 천사와 마귀의 존재 등을 믿었으며, 다윗 왕국을 다시 세울 메시아에 대한 희망을 지니고 있었습니다. 그래서 그들은 사두가이들에 비해 현세에 큰 비중을 두지 않았으며, 세속화되지 않고 경건하게 살고자 했습니다.

바리사이들을 특징짓는 것은 무엇보다도 구전 전승을 포함한 율법에 대한 열성이었습니다. 이를 이해하기 위해서는 헬레니즘 시대 이래로 많은 유다인이 전통적인 가르침을 버리고 그리스 문화와 종교를 따라가고 있었음을 염두에 두어야 합니다. 그런 의미에서, 바리사이들을 처음부터 위선자라고 생각하는 것은 올바른 이해가 아닙니다. 그들은 말로만이 아니라 실제 생활로도 율법을 준수하고자 노력하였고 그것이 하느님께 충실한 삶이라고 믿어 의심치 않았습니다. 예수님께서 공생활을 하시던 기간에 팔레스티나에서 가장 영향력이 있던 종교 집단이 바로 바리사이들이었습니다. 실제로 그들은 많은 사람에게 존경을 받았으며, 그럴 만한 이유도 있었습니다.

"복음서는 자주 바리사이들을 위선적이고 냉혹한 율법주의자들로 제시한다. … 그러나, 복음서들에 나타난 바리사이들의 모습은 부분적으로는 그리스도인들과 유다인들 간에 계속된 후대의 논쟁에서 영향을 받았다는 것은 인정해야 한다"(교황청 성서위원회, ≪그리스도교 성경 안의 유다 민족과 그 성서≫). 신약성경에서는 예수님의 가르침과 바리사이의 가르침을 대비시킵니다. 율법에 대한 이러한 열성이 오도되어 율법을 지키지 못하는 이들을 배척할 때, 그리고 율법을 지킴으로써 스스로의 힘으로 구원을 얻을 수 있다고 생각하거나 인간적인 관습에 매이게 될 때에는 오히려 율법의 근본정신을 거슬러 하느님과 인간에 대한 사랑을 손상시킬 수 있습니다. 그래서 신약성경에는 예수님과 바리사이들 사이의 대립이 자주 나타납니다. 하지만, 성전이 완전히 무너진 다음 흩어진 이스라엘이 이천 년 동안 정체성을 유지할 수 있었던 것은 율법과 일상의 여러 규범 때문이었고, 그 기틀을 마련한 이들이 바로 바리사이였습니다.

쿰란 공동체

> "그분께서 율법학자들과 달리
> 권위를 가지고 가르치셨기 때문이다"(마르 1,22)

1세기의 플라비우스 요세푸스(Flavius Josephus)는 그의 저서 《유다 고대사》(Antiquitates Iudaicae)에서 바리사이, 사두가이, 에세네파를 당시 유다인들의 중요한 종교 집단으로 언급합니다.

"충실한 이들"

신약성경에는 에세네파가 직접 언급되지 않으나, 요세푸스와 필론이 이들에 대해 전해 줍니다. 에세네파는 바리사이나 사두가이와 달리 당시 정치와 사회를 멀리했습니다. 에세네파의 기원은 마카베오 항쟁에 참여했던 "충실한 이들"(1마카 2,42: 히브리어로 옮기면 '하시딤')에게서 찾을 수 있는데, 처음에는 마카베오 집안과 함께했으나 기원전 152년에 유다 마카베오의 동생 요나탄이 대사제가 되면서부터 요나탄과 시몬에게 배신감을 느끼고, 그들이 이끄는 성전 체제에 반발하면서 그들과 상종하지 않고 독자적으로 율법에 더 충실한 삶을 살고자 했습니다.

쿰란 발견과 성경 연구

에세네파에 대한 상세한 내용이 알려진 것은 1947년에 사해 근처에서 쿰란 동굴이 발견되면서부터입니다. 정확히 말한다면, 쿰란에 살고 있던 공동체가 에세네파에 속했다는 증언은 없습니다. 그러나 그 지역을 발굴한 결과 드러난 쿰란의 생활상이 에세네파에 대한 고대의 기록과 많은 점에서 일치하기 때문에, 쿰란 공동체가 에세네파에 속했을 가능성은 큽니다.

쿰란의 발견은 신약성경의 배경사 연구뿐만 아니라 성경 본문 전승에 대한 연구에서도 매우 중요한 사건이었습니다. 쿰란은 사해 근처에 있는 언덕인데, 수천 년 동안 아무도 그 안에 무엇이 들어 있는지 보러 들어간 일이 없었습니다. 그러던 중 1947년에 어떤 목동이 잃어버린 염소를 찾으려고 동굴 안으로 돌을 던졌다가 항아리가 깨지는 소리를 듣게 되어 탐사가 시작되었습니다.

모두 11개의 동굴을 탐사하였고 그 안에서 많은 구약성경 두루마리와 그 밖의 자료들이 발견되었습니다. 그런데 이 자료들은 1세기나 그 이전의 것으로 지금까지 알려져 있던 구약성경 사본들보다 수백 년 또는 천 년 이상 앞선 것들이기 때문에 성경의 원문을 찾으려는 이들에게 매우 큰 관심을 받았습니다. 우리가 보통 구약성경의 번역 대본으로 삼는 레닌그라드 사본이 1008년에 만들어졌다는 사실을 생각한다면, 그보다 천 년이나 앞선 사본들이 갖는 중요성을 조금이나마 짐작할 수 있을 것입니다. 또한, 쿰란에서 지금까지 우리가 가지고 있던 사본들과 차이가 나는 수많은 두루마리가 발견됨으로써 성경 본문의 역사는 생각보다 더 복잡했다는 사실이 드러나기도 했습니다. 쉽게 말하면, 문제들이 정리되기도 했지만 또 다른 문제들이 나타나고 상황이 더 복잡해지기도 한 것입니다.

쿰란의 생활

쿰란에서는 성경에 속하지 않은 다른 문헌도 여럿 발견되었는데, 그 가운데에는 공동체의 규칙서와 같은 것도 있어 그들의 사상과 삶을 엿볼 수 있게 해 줍니다. 겉으로 보이는 쿰란 공동체의 모습을 본다면, 철저하게 율법을 지키며 부정을 타지 않으려고 노력했다는 점이 눈에 띕니다. 정결례를 위하여 몸을 씻으러 내려가는 계단에는, 올라오는 이들과 접촉하지 않도록 난간이 있습니다. 몸을 씻어 정결해진 이들이 내려오는 이들과 접촉하여 다시 부정을 타지 않기 위해서입니다. 이들은 바리사이보다 훨씬 더 엄격하게 율법을 준수했고, 공동체의 규율을 어기는 이들에 대해서도 매우 엄한 처벌을 가했습니다.

이렇게 드러나는 모습 저변에 있는 사상은 묵시문학적 역사관이었고, 그들의 삶은 종말을 앞두고 빛의 자녀들과 어둠의 자식들 사이의 마지막 전쟁을 준비하는 것이었습니다. 온 세상을 빛과 어둠으로 구분했던 그들은, 예루살렘 성전의 사제들과 바리사이들을 어둠의 자식들이라고 보면서 자신들 스스로는 빛의 자녀로서 흠 없는 삶을 살아감으로써 종말을 준비했습니다. 아울러 그들에게서는 메시아 희망도 강하게 나타납니다.

쿰란 공동체는 기원후 68년 로마군의 공격을 받았습니다. 로마군이 다가올 때에 그들은 전쟁이 끝난 다음에 두루마리들을 다시 찾을 수 있도록 항아리 속에 조심스럽게 숨겨 두었으나, 공동체가 완전히 파괴되고 말았기에 그 두루마리들은 20세기까지 그대로 동굴 안에 감추어져 있었습니다.

예수님 시대의 종교 집단

예수님 시대에는 바리사이와 사두가이, 그리고 에세네파 외에도 율법학자, 열혈당원 등이 있었으나, 신약성경이 형성되던 시기에 가장 중요했던 종교 집단들은 이 세 집단이었다고 볼 수 있습니다. 그 중에서도 특히 영향력이 컸던 집단은 바리사이들이었습니다. 따라서 예수님의 공생활 시기뿐만 아니라 교회가 형성된 초기에도 그리스도인들은 바리사이들과 대립해야 했습니다.

또한 이 세 집단과 예수님의 관계를 본다면, 일단 예수님은 사제나 귀족 계층에 속하지 않았고 사두가이의 믿음을 공유하지 않았으며, 육신의 부활이나 종말에 대한 믿음에서는 오히려 바리사이 또는 에세네파에 가까웠습니다. 그렇다고 해서 예수님이 쿰란 공동체나 당시의 다른 조류에 속한 이들이 기다렸던 메시아상에 부합하는, 정해진

틀에 맞는 바로 그 메시아였던 것도 아닙니다. 근래에 나온 연구서나 아니면 영화에서 예수님을 당시의 라삐, 열혈당원, 에세네파 등의 모습으로 그려 내기도 하지만, 신약성경에서는 예수님을 그 어떤 특정 집단과 연결하지 않습니다. 이는 예수님 안에 그 모든 범주를 넘어서는 새로움이 있었기 때문이라고 이해할 수 있습니다. 그런데 바로 그 새로움이 나중에는 많은 이가 그분을 버리고 떠나가는 이유가 될 것입니다.

II
네 복음서

이제 준비를 마치고, 드디어 신약성경을 손에 잡고 길을 나섭니다. 먼저 네 복음서가 있습니다. 복음은 무엇이며, 복음서는 왜 하나가 아니라 여럿일까요? 복음서 저자들의 눈에 비친 예수님의 모습을 찾아봅시다. 스승 예수님의 모습을 보여 주는 마태오 복음서에서는 주로 예수님의 설교를 듣고, 가장 간략한 마르코 복음서에서는 복음서의 뼈대를 찾아보고, 루카 복음서에서는 특징적인 주제에 맛을 들여 봅시다. 요한 복음서는 이 세 복음서와는 다른 신학을 보여 주는, 가장 늦게 완성된 복음서입니다.

1

복음, 복음서

"가난한 이들이 복음을 듣는다"(마태 11,5)

정확한 통계는 아니지만 우리말 《성경》을 검색해 보니, 신약성경에서 '복음'이라는 단어가 130회 정도 사용됩니다. 네 복음서에서 사용된 예가 25회 정도이고 대부분은 바오로 서간들에서 사용됩니다. 예수님은 하느님 나라를 선포하시고, 사도들은 다시 그분이 선포하신 바를 전하면서 그것을 '복음'이라 불렀습니다. 그 후에 '복음서'라는 책들이 생겨나게 됩니다.

복음, 기쁜 소식

예수님께서는 하느님 나라를 선포하십니다. 한편으로는 말씀을 통해서, "회당에서 가르치시고 하늘 나라의 복음을 선포"(마태 4,23; 9,35)하십니다. 그러나 예수님은 하느님 나라에 대해 말씀만 하신 분이 아니었습니다. 예수님께서 행하시는 일들로 하늘 나라가 선포되고 그 자리에서 실현됩니다. "내가 하느님의 손가락으로 마귀들을 쫓아내는 것이면, 하느님의 나라가 이미 너희에게 와 있는 것이다"(루카 11,20). 그분은 당신의 삶과 행적으로, 하느님 나라가 우리에게 오고 있음을 보여 주셨습니다.

이러한 예수님의 가르침과 행적은 하느님의 나라가 가까이 왔다는, 하느님께서 우리와 함께 계시다는 '기쁜 소식'이었습니다. 그래서 복음서에서는 이를 '복음'이라고 말합니다. 그리고 복음서가 작성되기 전에 바오로 사도도 예수 그리스도와 그분을 통해서 주어진 구원의 기쁜 소식을, 그리고 그 선포를 가리켜 복음이라고 말합니다. 바오로 사도가 서간들을 썼을 때는 네 복음서가 아직 책으로 엮이지 않았고, 그러니 그가 선포한 '복음'은 당연히 어떤 책을 지칭하는 것이 아니라 예수님이라는 분과 결부된 것이었습니다.

바오로 사도에게 복음의 핵심은 예수님의 죽음과 부활이었습니다. 바오로는 바로 그것을 가리켜 복음이라고 말합니다(1코린 15,3-7 참조). 하지만 예수님에 대해 전혀 알지 못하던 이방인들이 그리스도교 신앙을 받아들일 때에는, 그보다 더 많은 설명이 필요했습니다. 예수님의 일생에 대해서, 그분의 가르침에 대해서 전하고 이를 통하여 그분이 누구이신지를 알려 주어야 했습니다. 이렇게 해서 복음은 점차로 '예수님이 선포하신 것'만이 아니라 '예수님에 대한 선포'를 뜻하게 되었습니다. 예수님을 직접 만났던 사도들은 이를 전하는 증인이 되었습니다.

복음서의 형성

그 후에, 앞서 말한 바와 같이 목격 증인들이 세상을 떠나게 되면서 예수님에 대해 전해지는 이야기들을 모아 기록하는 것이 필요해졌고, 다시 이러한 자료들을 하나로 엮음으로써 복음서가 형성됩니다(루카 1,1-3 참조). 복음서 가운데 가장 먼저 생겨난 것은 마르코 복음서로, 기원후 60년대 후반에 완성되었다고 봅니다.

그보다 더 늦게, 기원후 70-80년경에 형성된 마태오 복음서와 루카 복음서 저자들은 마르코 복음서와 소위 '예수 어록'(약자 Q)을 참조하고 또한 나름대로 고유한 자료들을 첨가하여 각각 복음서를 엮었습니다. 그래서 이 세 복음서는 공통점이 많습니다. 이 세 복음서는 전체적인 구성과 자료 배치 순서도 많이 겹쳐서 세 복음을 나란히 놓고 비교할 수 있으므로, 공관共觀복음서라고 일컫습니다. 겹치는 부분이 있지만, 각각 고유한 자료들을 사용하고 또한 서로 다른 신학적 특징들을 지니고 있어, 각 복음서는 개성을 갖고 있습니다.

작성 연대가 가장 늦은 요한 복음서는 1세기 말에 생겨났을 것으로 보는데, 신학적으로 앞의 세 복음서와 상당히 차이가 나고 내용에서도 다른 점이 여럿 있습니다.

> **공관복음서 문제:** 서로 많은 공통점을 지닌 공관복음서 사이의 관계 문제를 '공관복음서 문제'라고 합니다. 마태오 복음서와 루카 복음서가 두 가지 자료, 곧 마르코 복음과 예수 어록을 출전으로 사용하고 거기에 고유한 자료를 첨가했다는 가설이 '이출전설二出典說'인데, 공관복음서 문제에 관하여 많은 이가 받아들이는 가설입니다.

네 개의 복음서

예수님은 한 분이시고 복음도 하나입니다. 그런데 복음서는 왜 넷일까요? 복음서는 예수님에 대한 연대표나 일지가 아니기 때문에 그렇습니다. 복음서 저자 네 사람은, 예수님이 누구이신지를 말해 주는 서로 다른 네 명의 증인입니다. 이들에게 가장 중요한 것은 "예수님은 누구이신가?"라는 질문이었습니다. 예수님의 말씀과 행적에 대한 기록은 예수님이 누구이신지를 보여 준다는 점에 한해서 의미를 갖기 때문입니다.

그래서 예를 들면, 복음서 저자들에게 예수님의 공생활 기간이 몇 년이었으며 갈릴래아에서 활동하시던 예수님이 몇 번 예루살렘에 가셨는가 하는 것은 절대적인 중요성을 갖지 않습니다. 마태오, 마르코, 루카 복음서에는 예수님이 예루살렘에 한 번 올라가신 것으로 되어 있고, 요한 복음서에는 세 번으로 되어 있습니다. 이 경우는 요한 복음서 기록이 사실에 더 가까운 것으로 생각됩니다. 그렇다고 해서 공관복음서의 진술이 의미 없는 것은 아닙니다. 앞서 말한 것처럼, 복음서는 예수님의 활동 일지가 아닙니다. 복음서 저자들은 어떤 식으로든 예수님이 누구이신지를 분명하게 우리에게 보여 주고자 했고, 이를 위하여 증언들을 배치한 것이기 때문입니다.

요한 복음서에서는 "예수님께서는 이 책에 기록되지 않은 다른 많은 표징도 제자들 앞에서 일으키셨다. 이것들을 기록한 목적은 예수님께서 메시아시며 하느님의 아드님이심을 여러분이 믿고, 또 그렇게 믿어서 그분의 이름으로 생명을 얻게 하려는 것이다"(20,30-31)라고 말합니다. 복음서를 읽을 때, 처음부터 끝까지 이 점을 잊지 마시기 바랍니다. "우리 믿음의 영도자이시며 완성자이신 예수님을 바라봅시다"(히브 12,2). 우리가 흔히 하는 실수 중 하나는, 복음서에서 나의 생활을 위한 교훈을 찾는 것입니다. 물론, 복음서에는 많은 교훈적인 가르침이 있지요. 하지만 복음서 저자는 후대의 우리에게 착하게 살라고 권고하기 위해서 책을 쓴 것이 아닙니다. 그들은 "예수님께서 메시아시며 하느님의 아드님이심을" 증언하려 했습니다. 복음을 읽을 때, 나의 눈길이 예수님을 향해 있는지 나 자신을 향해 있는지 자주 의식해 보십시오. 복음서는, 예수님을 향해 초점이 맞춰진 망원경이 되어야 합니다.

마태 1-2장: 예수님의 탄생

> "다윗의 자손이시며 아브라함의 자손이신
> 예수 그리스도의 족보"(마태 1,1)

언젠가 비행기를 탔는데, 출발이 많이 늦어졌습니다. 드디어 이륙을 하게 되니 "오래 기다리셨습니다"라는 방송이 나왔습니다. 지금 하고 싶은 말입니다. 마태오 복음 1장까지 오는 길이 참 멀었습니다. 지금까지 이렇게 준비운동을 많이 했으니, 실제로 신약 종주를 하면서는 준비운동에 애를 쓰기보다 바로 산으로 들어가겠습니다.

다윗의 자손이신 예수님

복음서를 읽으며 끊임없이 생각할 것은 "예수님은 누구이신가?"라는 질문이라고 했습니다. 마태오 복음서 저자는 첫 절에서 이미 그 질문에 답을 합니다. "다윗의 자손이시며 아브라함의 자손이신 예수 그리스도의 족보"(마태 1,1). 그런데 이 구절은, 예수님이 누구이신가를 보여 줄 뿐 아니라 마태오 복음서의 저자가 누구인지도 암시해 줍니다.

먼저 첫 번째 질문부터 생각해 봅시다. 마태오 복음서 저자에게 예수님은 누구이실까요? 저자는 예수님이 "다윗의 자손이시며 아브라함의 자손"이고 "그리스도"이시라고 말합니다. 여기서 "그리스도"가 다른 복음서에서도 많이 사용되는 예수님의 호칭이라면, "다윗의 자손이시며…"는 마태오 복음서의 특징을 보여 주는 구절입니다. 그뿐만 아니라 저자는 이어서 예수님의 족보를, 아브라함에서 시작해서 다윗을 거쳐 요셉까지 이르는 그 족보를 전해 줍니다.

이 호칭과 족보는 예수님께서 이스라엘이 오랫동안 기다려 온 메시아이심을 나타냅니다. 아브라함이 하느님의 부르심에 순종함으로써 이스라엘의 역사가 시작되었고(창세 12장), 하느님께서는 아브라함에게 땅과 후손을 약속하셨습니다. 그다음, 하느님은 다윗을 이스라엘의 임금으로 택하시고(1사무 16장), 그에게 영원한 왕조를 약속하셨습니다(2사무 7장). 마태 1장의 족보는 이 약속들이 이루어지는 과정을 보여 줍니다. 수평선에 작은 점처럼 보이기 시작한 배가 점점 눈에 들어오고 마침내 바닷가에 와서 닿듯이, 멀리서 조그맣게 시작된 약속이 점점 현실로 다가오고 마침내 예수님에게서 충만히 실현됩니다.

동방 박사들의 방문

그런데 이스라엘이 기다려 온 메시아이신 예수님의 탄생은, 이스라엘에게만 구원을 가져다주는 사건이 아니었습니다. 예수님의 족보에 들어 있는 이방 여인들의 이름은 예수님의 탄생이라는 사건이 이스라엘뿐만 아니라 세상의 모든 민족을 위한 것임을 말해 줍니다. 아브라함을 부르실 때에도 하느님은 "세상의 모든 종족들이 너를 통하여 복을 받을 것이다"(창세 12,3)라고 말씀하셨지요. 예수님의 탄생 역시, 세상의 모든 종족에게 복을 가져오는 기쁜 소식이었습니다.

이를 확인해 주는 것이 동방 박사들의 방문입니다(마태 2장). 동방 박사들은 마태오 복음서에만 나옵니다. 루카 복음서에는 예수님이 태어나신 곳에 목자들이 찾아옵니다(2,15-20). 루카 복음서에서 포대기에 싸여 구유에 누워 있는 아기는 가난한 이들을 위해 태어나신 구원자이시고, 가난한 이들이 먼저 그분께 경배합니다. 그런데 마태오 복음서에는 외국인인 동방 박사들이 멀리에서 별을 보고 찾아옵니다. 그들은 예수님을 "유다인들의 임금으로 태어나신 분"(마태 2,2)이라고 부르지만, 그분의 탄생이 그들에게도 중요한 사건이기에 멀리서 찾아와 그분께 경배합니다. 복음서 전체에서도, 유다인들이 자주 예수님을 거부하는 데에 비하여 이방인들은 예수님을 따르려 합니다. 그리고 이 복음서의 마지막에 이르러 예수님은 제자들에게 "너희는 가서 모든 민족들을 제자로 삼아, 아버지와 아들과 성령의 이름으로 세례를 주고, 내가 너희에게 명령한 모든 것을 가르쳐 지키게 하여라"(마태 28,19-20) 하고 말씀하시며 하늘로 올라가십니다.

복음서의 저자

그러면, 마태오 복음서의 저자는 어떤 사람이기에 그에게 예수님이 "다윗의 자손이시며 아브라함의 자손"(마태 1,1)이었을까요?

이 복음서에 마태오에 의한 복음서라는 제목이 나타나는 것은 2세기부터입니다. 그리고 에우세비오가 쓴 교회사에서는, 파피아스의 말을 빌려 마태오가 히브리어(아람어)로 복음서를 썼다고 전합니다. 그러나 파피아스가 말하는 복음서가 이 복음서라고 단정할 수는 없습니다. 이 책은 처음부터 그리스어로 작성된 것으로 보입니다.

세리였다가 열두 제자 가운데 하나로 부름받은 마태오가 이 책의 저자인지도 확실치 않습니다. 그가 복음서를 썼다면 굳이 마르코 복음서에 의지할 필요가 없었을 것 같기도 하고, 그리스어로 책을 쓰지 않았을 것 같기도 합니다.

본문의 내용만으로 저자를 추측해 본다면, 그는 그리스어를 사용하는 그리스도인이면서 히브리어나 유다 관습, 구약의 전통을 잘 아는 사람이었을 것입니다. 독자들 역시 분명 구약을 잘 아는 이들이었습니다. 예수님을 "다윗의 자손이시며 아브라함의 자손"이라고 말하는 저자는, 구약의 말씀들이 예수님에게서 성취되었음을 거듭 강조합니다. 가장 유명한 예로, 예수님의 탄생도 임마누엘 예언(이사 7장)의 실현으로 해석하지요(마태 1,23). 그렇지만 이 독자들 역시 저자와 마찬가지로, 이방인들에게 열려 있습니다. 이방인들의 구원에 관심을 갖는 이 복음서를 받아들인 이들의 공동체라면, 그 공동체는 아마도 유다인과 이방인이 섞여 있으면서 유다인들의 거부와 배척을 체험했고 이방인들에게 복음을 전하려는 공동체일 것입니다.

마태 13,52에서는 "하늘 나라의 제자가 된 모든 율법학자"가 "자기 곳간에서 새것도 꺼내고 옛것도 꺼내는 집주인"과 같다고 말하지요. 마태오 복음서의 저자 자신이 바로 그런 사람이었을 듯합니다. 그는 구약의 약속들을 알고 있었고, 이제 예수님께서 그 기다림을 채워 주시는 분이심을 알아봅니다.

"다윗의 자손이시여, 저희에게 자비를 베풀어 주십시오"(마태 9,27).

이것이 마태오 복음서 저자와 독자가 예수님께 드리는 기도입니다.

마태 5장: 참된 행복

"하늘 나라가 그들의 것이다"(마태 5,3)

네 복음서 모두에서 예수님을 부르는 호칭으로 '스승님'이 드물지 않게 사용됩니다. 요한 복음서에서는 예수님께서 제자들에게 "너희가 나를 '스승님', 또 '주님' 하고 부르는데, 그렇게 하는 것이 옳다. 나는 사실 그러하다"(13,13)고 말씀하시는 장면도 나옵니다. 제자들과 함께 계실 때 예수님은 언제나 스승이시지요. 그런데 그 가운데 마태오 복음에서는 특히 예수님께서 설교로 가르치시는 장면이 여럿 나옵니다.

마태오 복음서의 다섯 설교

마태오 복음서는 예수님께서 태어나셔서(1장) 헤로데를 피해 이집트로 가셨다가(2장) 돌아와서 세례자 요한에게 세례를 받으시고(3장) 광야에서 유혹을 받으신 다음(4장), "입을 여시어 그들을 이렇게 가르치셨다"(5,2)고 말합니다.

이렇게 시작된 예수님의 말씀들 가운데 첫 부분이 산상 설교인데, 마태오 복음서 전체에는 모두 다섯 개의 설교가 나옵니다. "예수님께서 이 말씀들을 마치시고"라는 표현이 다섯 번 사용되어(마태 7,28; 11,1; 13,53; 19,1; 26,1) 설교의 끝을 표시해 주고, 마지막 설교에서는 "예수님께서 이 말씀들을 모두 마치시고"(26,1)라고 하기 때문입니다. 그 다음에는 예수님의 수난, 죽음, 부활 이야기가 이어집니다. 다섯 설교의 내용은 다음과 같습니다.

5-7장	산상 설교	하늘 나라의 시작 (하늘 나라에 들어감)
10장	파견 설교	하늘 나라의 선포
13장	하늘 나라에 관한 비유	하늘 나라의 신비
18장	교회론적 설교	하늘 나라의 맏물인 교회 (교회 안의 공동체 생활)
23-25장	종말론적 설교	하늘 나라의 도래

이 설교들이 마태오 복음서에서 가장 중요한 부분이라는 말은 아닙니다. 예수님의 죽음과 부활(26-28장) 없이는 복음서가 있을 수 없습니다. 하지만 그 부분은 어떤 식으로든 모든 복음서에 들어 있기 때문에, 나중에 마르코 복음서를 읽으면서 살펴보겠습니다. 여기 나오는 설교들은 마태오 복음서만의 특징이라고 할 수 있습니다.

참된 행복

예수님께서는 산에 올라 자리에 앉으시어 가르치십니다(마태 5,1). 이러한 장소 설정은 이집트 탈출 때에 시나이산에서 하느님의 율법을 받아 이스라엘을 가르치던 모세의 모습을 연상시킵니다.

> **제2의 모세이신 예수님:** 마태 1장에서 갓 태어난 예수님이 이집트로 피신하시는 모습 역시 모세 이야기와 겹쳐집니다. 구약을 잘 알고 있던 저자는 예수님을 제2의 모세로 제시합니다. 루카 6,17에서는 예수님께서 평지에서 참행복을 선포하셨다고 말하는데, 실제로 산보다는 평지에서 하셨을 가능성이 더 큽니다.

이 예수님께서 선포하시는 첫 설교가 참행복에 관한 말씀입니다(마태 5,3-12). 첫마디부터 행복이라니, 귀가 솔깃해지는 말씀이지요? 하지만 행복에 이르는 길을 찾기에 앞서 물어야 할 것이 있습니다. 행복이 무엇인가 하는 문제입니다.

사람들은 행복을 원합니다. 그런데 무엇을 행복이라고 여기는지는 사람마다 다릅니다. 각자 자신이 행복이라고, 선이라고 여기는 것을 추구하겠지요. 때로는 그 목적이 잘못 설정되어 있습니다. 그래서 예수님께서는 여덟 가지 행복 선언의 처음과 끝에서, 추구해야 할 것이 무엇인지를 밝혀 주십니다. "하늘 나라가 그들의 것이다." 다른 어떤 것을 추구하는 이들은 결국, 인간을 진정으로 행복하게 해 주는 것이 아닌 헛것을 찾아다니는 이들입니다.

다른 복음서에서 '하느님 나라'라고 하는 것을, 마태오는 유다인들의 관습대로 하느님을 직접 언급하지 않고 '하늘 나라'라고 부릅니다. 그러면 또 하늘 나라는 무엇인지, 다시 질문을 하게 됩니다. 어쩌면, 둘째부터 일곱째 행복 선언에 들어 있는 약속의 내용들이 바로 하늘 나라에 대한 묘사라고 볼 수도 있겠습니다. 하느님의 위로를 받고, 하늘 나라에서 땅을 차지하여 거기에 살고, 의로움에 대한 주림이 채워지고, 하느님의 자비를 입고, 하느님을 뵙고, 하느님의 자녀가 되는 것(마태 5,4-9 참조). 한마디로 말하면 부족함 없이 하느님으로 가득 채워지는 것, 그것이 하늘 나라입니다. 하느님의 뜻은 자비와 의로움과 평화가 실현되는 것이고, 슬퍼하는 이들이 위로를 받는 것입니다. 이러한 하느님의 뜻이 온전히 이루어지는 것이 하느님 나라, 하늘 나라입니다.

행복한 사람들

어떤 이들이 그 하늘 나라를 누리게 될까요? 여덟 가지를 하나씩 살펴볼 수는 없지만, 전체적으로 볼 때 하늘 나라를 누리게 될 이들은 지금 충족되어 있지 않은 이들이라는 사실이 눈에 띕니다.

"마음이 가난한 사람들"(마태 5,3)은 루카 복음에서 "가난한 사람들"이라고 되어 있는데 마태오 복음서 저자가 "마음이"를 첨가했습니다.

모두 결핍을 느끼고 있는 이들입니다. "슬퍼하는 사람들"(마태 5,4)도 물론입니다. 그들은 지금 자신들이 살고 있는 세상이 하늘 나라가 아니라는 것을, 이 세상이 주는 즐거움이 자신들을 충분히 위로해 줄 수 없음을 알기에 하늘 나라의 위로를 기다리는 이들입니다. "의로움에 주리고 목마른 사람들"이나 "평화를 이루는 사람들"은 이 세상에서 의로움과 평화가 부족하기에 그것을 갈망하는 이들입니다.

여한 없이 하느님 뵙기만을 바라며 이 세상을 떠나시는 분을 보고, 하늘 나라는 저런 분들의 것이리라는 생각을 한 적이 있습니다. 거꾸로 이렇게 질문을 해 봅니다. 하늘 나라를 찾지도, 갈망하지도 않던 이들이 하늘 나라를 누릴까요? 이 세상에 사는 동안 하느님 뵙기를 갈망하여 깨끗한 마음으로 살아가려고는 생각도 않던 이들이, 어느 날 죽어서 또는 종말을 맞아서 하느님을 직접 뵙게 될까요? 하느님 뵙기를 갈망하던 사람의 그 갈망이 채워지는 것이 하늘 나라 아닐까요?

그 나라는 지금 이 세상에서도 하늘 나라를 찾는 이들에게서, 겨자씨처럼 자라고 있습니다. 하늘 나라를 간절히 기다리는 이들에게 예수님께서는 그 기다림이 채워지리라고 말씀하십니다. 하늘 나라가 아직 완전히 실현되지 않았기에, 이 세상의 기준과 다른 그 하늘 나라를 선포하는 이들은 박해받고 거부당할 것입니다. 그러나 그들은 행복합니다. 그들은 헛것을 좇아가고 있지 않기 때문입니다.

"행복하여라, 마음이 가난한 사람들!"(마태 5,3)

마태오 복음서와 구약 율법

"완성하러 왔다"(마태 5,17)

예수님을 "다윗의 자손이시며 아브라함의 자손"(마태 1,1)이라고 소개하는 마태오 복음서에서는 구약과의 연관이 매우 중요합니다. 산에 오르시어 모세와 같이 사람들을 가르치시는 예수님은(마태 5,2 참조), 참행복을 선포하신 다음 곧 율법의 완성을 선포하십니다.

폐지하러 온 것이 아니라…
마태오 복음서는 자주 구약성경 본문을 인용하면서, "주님께서 예언자를 통하여 하신 말씀이 이루어지려고"(1,22)라는 표현을 매우 즐겨 사용합니다. 저자가 복음서를 쓰던 때는 아직 신약성경이 완성되지 않았던 시대입니다. 이 시대는, 신약을 가지고 구약을 설명하는 것이 아니라 예수님에게서 일어난 일들을 구약의 권위로 확증하던 시대였습니다. 마태오를 포함한 예수님의 제자들에게 '성경'은 구약성경이었습니다.

그런데 마태 5장에서 예수님은 다른 말씀을 하십니다. "…라고 옛 사람들에게 이르신 말씀을 너희는 들었다. 그러나 나는 너희에게 말한다…"(5,21-48). 소위 여섯 가지 반대 명제입니다. 여기에서 예수님의 태도는, 구약의 성취를 강조하는 마태오 복음서 다른 부분들의 입장과는 달라 보이기도 합니다.

그런데 바로 이 부분에서, 여섯 가지 반대 명제를 제시하시기 전에 예수님께서 먼저 하시는 말씀이 있습니다. "내가 율법이나 예언서들을 폐지하러 온 줄로 생각하지 마라. 폐지하러 온 것이 아니라 오히려 완성하러 왔다"(마태 5,17). 지금 사람들과 마찬가지로 예수님 시대의 사람들도, 율법에 대한 예수님의 입장을 두고 의견이 갈라졌던 모양입니다.

그럴 법도 하지요. 율법학자나 바리사이들과 예수님 사이에 있었던 논쟁을 보면, 안식일에 제자들이 밀 이삭을 뜯어도 그냥 두시고 (마태 12,1-8) 병자도 치유하시고(마태 12,9-14) 식사 전에 손을 씻지도 않을뿐더러(마태 15,2) "입으로 들어가는 것이 사람을 더럽히지 않는다"(마태 15,11)는 말씀으로 음식 규정을 무효로 만드시는 것을 보면, 그리고 세리와 죄인들과 한자리에서 식사를 하시는 것을 보면(마태 9,9-13) 예수님이 율법을 없애시려는 것으로 보일 수도 있었을 듯합니다. 더구나 철저한 율법 준수로 하느님에 대한 충실함을 표현하고자 했던 바리사이들에게는 예수님의 말과 행동이 거슬리지 않을 수 없었을 것입니다. 그런데도 예수님은, 당신은 율법을 폐지하러 오지 않았다고 하십니다.

완성하시는 예수님

예수님은 당신이 율법을 "완성하러", 즉 완전하게 만들러 왔다고 하십니다. 이제 예수님이 율법을 어떻게 완성하시는지, 복수 금지(마태 5,38-42)를 예로 들어 살펴봅시다.

예수님은 "눈은 눈으로, 이는 이로"라는 원칙을 버리라고 하십니다. 그러나 5,17의 기본 원칙에 비추어 본다면, 이것은 폐지가 아니라 완성입니다. 이것이 무슨 말씀인지를 알기 위해서는 '눈에는 눈'이라는 법률 조항이 왜 있었는지를 이해해야 합니다. 이것은 구약성경의 법전들에만 나오는 원리가 아닙니다. 함무라비 법전처럼 훨씬 오래된 법전들에서도 자주 나타나던 규정입니다. 그런데 사실 그런 조항을 정한 이유는 '눈에는 눈'을 넘어서는 지나친 복수를 금지하기 위한 것이었습니다. 그렇게 본다면 '눈에는 눈'은 잔인한 규정이 아닙니다. 예를 들어, 커피를 안 마시는 사람 입장에서는 하루에 커피 한 잔 마시는 것이 지나치게 보일 수 있지만, 커피를 여러 잔 마시던 사람이 한 잔만 마시기로 한 경우에는 그것이 커피를 끊는 것만큼 의미 있는 일이겠지요. 이와 비슷한 경우라고 생각하면 되겠습니다. 지금은 이미 극복되었으므로 크게 의미 없어 보이는 과거의 율법 조항들이지만, 그 시대의 관점에서 본다면 충분히 가치가 있었던 것입니다. 그리고 이렇게 지나친 복수를 금하던 규정을 완성하시고자 예수님은 당신의 제자가 된 이들에게 폭력을 포기하고 요구하는 이들의 뜻대로 해 주라고 가르치십니다.

그 밖에도 예수님은 살인만이 아니라 형제에게 성을 내는 것까지 금지하시고(마태 5,21-26), 간음만이 아니라 음욕을 품고 여자를 바라보는 것까지 금지하시며(마태 5,27-30), 이웃 사랑의 계명에 이르러서는 원수까지 사랑해야 한다고 말씀하십니다(마태 5,43-48). 이것이 율법의 완성입니다.

하늘 나라와 의로움

율법을 폐지하는 것 같던 예수님이 무서운 말씀을 하십니다. "너희의 의로움이 율법학자들과 바리사이들의 의로움을 능가하지 않으면, 결코 하늘 나라에 들어가지 못할 것이다"(마태 5,20).

이렇게 보면, 예수님은 율법학자와 바리사이들만을 꾸짖고 계신 것이 아닙니다. 한편으로는 율법의 문자에 매여 사람들을 단죄하던 율법학자와 바리사이를 비판하시지만, 그와 동시에 율법이 아무런 의미가 없다고 보는 이들도 분명히 비판하십니다. 예수님은 원칙적으로 율법의 효력을 인정하십니다. "하늘과 땅이 없어지기 전에는, 모든 것이 이루어질 때까지 율법에서 한 자 한 획도 없어지지 않을 것이다"(마태 5,18). 그러나 그 율법을 지키는 우리의 자세는 율법학자나 바리사이와 달라야 합니다.

"하늘의 너희 아버지께서 완전하신 것처럼 너희도 완전한 사람이 되어야 한다"(마태 5,48). 마태 5장의 마지막 구절, 우리의 기준은 이것이어야 합니다. 선인에게나 악인에게나 당신의 해가 떠오르게 하시는 아버지와 같이, 나를 사랑하는 이들, 나의 형제들만이 아니라 원수를 포함한 모든 이를 사랑하고 우리를 박해하는 이들을 위해 기도하는 것, 이것이 바리사이의 의로움을 능가하는 예수님 제자들의 의로움이어야 합니다. 그렇지 않다면, 우리는 바리사이와 율법학자가 하늘 나라에 들어가지 못한다고 말할 처지가 못 됩니다. 우리 역시, 그들보다 의롭지 못하다면 "결코 하늘 나라에 들어가지 못할 것이다"라는 말씀을 이미 들었기 때문입니다.

마태 13장: 하늘 나라의 비유

"예수님께서 그들에게 많은 것을 비유로 말씀해 주셨다"(마태 13,3)

그래서 하늘 나라는 어떻게 되어 가고 있을까요? 사람들은 하늘 나라를 받아들였을까요?

동방 박사와 헤로데

마태 2장에서, "유다인들의 임금"으로 태어나신 예수님을 찾아온 이들은 동방 박사들이었습니다. 헤로데와 사제들과 율법학자, 온 예루살렘은 예수님을 맞아들이지 않았습니다. 이론상 이들은 "다윗의 자손이시며 아브라함의 자손"이신 메시아를 기다리고 있는 이들입니다. 유다인들의 임금이 어디에서 태어나셨느냐는 동방 박사들의 질문에, 그들은 성경을 파고들어 미카 예언서에서 그 답을 발견하고 "유다 베들레헴입니다"(마태 2,5)라고 대답합니다. 그러나 그들은 그 아기가 태어난 곳을 알고도 한 걸음도 움직이지 않습니다. 심지어 헤로데는 자기의 왕권이 위협받을까 두려워하여, 말로는 아기를 경배하러 가겠다고 하지만 실제로는 예수님을 경배하러 가기는커녕 오히려 태어난 아기를 죽이려고까지 합니다. 그들을 위해 태어난 메시아 임금이었고 그들이 기다려 온 분이었건만, 그들은 예수님을 맞아들이지 않습니다. 동방 박사와 헤로데, 이들은 각각 예수님을 받아들이는 이들과 그렇지 않은 이들을 대표합니다.

마태오 복음서에서는 예수님을 받아들이는 이들과 받아들이지 않는 이들이 계속 대비됩니다. 예수님은 5-7장의 산상 설교에서 하늘 나라가 어떤 나라인지를 알려 주셨고, 8-9장에서는 기적들을 통해서 당신이 누구인지를 보여 주셨습니다. 병자를 치유하시고 풍랑을 가라앉히시고 죄를 용서하심으로써 당신이 메시아임을 알게 하시려는 것입니다.

그러나 11-12장을 보아도, 어떤 이들은 예수님을 받아들이지만 어떤 이들은 여전히 받아들이지 않습니다. 갈릴래아 사람들은 기적을 보고도 믿지 않았고(11,20-24), 바리사이들은 예수님과 제자들이 안식일 계명을 지키지 않는다 하여 그분을 비방합니다(12,1-14). 예수님께서 마귀 우두머리의 힘을 빌려 마귀를 쫓아낸다고 하는 이들도 있었습니다. 하늘 나라의 신비를 모든 이가 깨닫고 받아들인 것은 아니었습니다. 아니, 하늘 나라가 신비이기 때문에 모든 이에게 드러나지 않은 것이라고도 할 수 있겠지요. "지혜롭다는 자들과 슬기롭다는 자들에게는 이것을 감추시고 철부지들에게는 드러내 보이시니, 아버지께 감사드립니다"(마태 11,25). 이렇게 해서, 하늘 나라의 신비 앞에서 사람들이 나누어지게 됩니다.

비유로 말씀하시는 까닭

마태 13장에서 예수님은 하늘 나라에 대한 일곱 가지 비유를 말씀하십니다. 왜 비유로 말씀하시는지, 제자들의 질문에 예수님께서 대답하십니다. "내가 저 사람들에게 비유로 말하는 이유는 저들이 보아도 보지 못하고 들어도 듣지 못하고 깨닫지 못하기 때문이다"(13,13).

예수님께서 복음 선포를 처음 시작하실 때라면, 13장에 실린 것과 같은 비유들은 아직 감추어져 있으나 성장해 가는 하늘 나라를 깨닫게 하고 알아보게 하는 역할을 했을 것입니다. 그런데 지금은 이미 복음이 선포되었고 이스라엘은 그 복음을 거부하는 상황입니다. 이러한 맥락에서 비유는, 이스라엘이 복음을 받아들이지 않은 이유를 밝히는 설명입니다. 이 비유들은, 하늘 나라가 누구의 눈에나 명백히 보이는 인간의 업적과 같은 것이 아님을 말해 줍니다. "지혜롭다는 자들과 슬기롭다는 자들"(마태 11,25), 하늘 나라가 자신들의 것인 양 생각하는 이들은 감추어진 하느님 나라를 알아보지 못합니다.

일곱 가지 비유

씨 뿌리는 사람, 가라지, 겨자씨, 누룩의 비유는 예수님께서 군중에게 말씀하신 비유로서, 모두 하늘 나라의 성장에 대해 말하고 있습니다. 씨 뿌리는 사람의 비유는(마태 13,1-9), 설명 부분을 제외하고 본다면, 하늘 나라를 선포할 때 받아들여지지 않는 경우도 많지만 그래도 그 선포는 계속되어야 하며 어떤 씨앗들은 분명 싹이 터서 크게 성장할 것이라고 말해 줍니다. 겨자씨 비유와(마태 13,31-32) 누룩의 비유 역시(마태 13,33) 지금은 눈에 띄지도 않게 보이는 하늘 나라가 세상 안에서 분명히 성장하고 있음을 말해 줍니다. 특히 가라지의 비유는(마태 13,24-30) 마태오 복음서에만 나오는 고유한 부분으로서, 지금 세상에는 의인들과 악인들이 함께 섞여 살아가지만 종말에는 반드시 악에 대한 심판이 있으리라고 말해 줍니다. 이는 복음을 받아들이지 않은 이들에 대한 경고이기도 합니다.

한편 보물의 비유와 진주 상인의 비유, 그리고 그물의 비유는 제자들에게 말씀하신 비유입니다. 앞의 두 비유는(마태 13,44-46) 하늘 나라를 발견한 기쁨을 강조합니다. 진정으로 그 나라를 발견한다면, 가진 모든 것을 팔아도 아깝지 않고 오히려 기쁠 것입니다. 하늘 나라가 그 어떤 것과도 비길 수 없는 가치를 지니고 있기 때문입니다. 한편 그물의 비유는(마태 13,47-50) 가라지의 비유와 마찬가지로, 종말의 심판을 예고합니다.

이 비유들은, 지금 우리가 살고 있는 세상이 또는 교회가 곧 하늘 나라는 아니라고 말합니다. 하늘 나라는 작게 시작합니다. 하늘 나라의 복음을 받아들인 이들의 공동체인 교회는 그 하늘 나라의 씨앗이며 싹입니다. 그러나 이 작은 씨앗은 놀랍게 성장할 것이며, 마지막 날에는 선과 악이 분리되어 하늘 나라의 완성을 보게 될 것입니다. 비유들은, 보이지 않는 것을 알아보도록 우리에게 일러 주는 하늘 나라의 암호와 같은 것입니다.

"너희의 눈은 볼 수 있으니 행복하고, 너희의 귀는 들을 수 있으니 행복하다"(마태 13,16).

마태 23-25장: 하늘 나라의 도래

"사람의 아들이 영광에 싸여 모든 천사와 함께 오면"(마태 25,31)

유다인의 임금으로 태어나신 예수님을 찾아가 경배했던 동방 박사들, 아브라함과 다윗 시대부터 기다려 온 분을 알아보지 못한 예루살렘. 이들의 대조는 계속됩니다. 마태 19장 이후 예수님은 이제 갈릴래아를 떠나 점차 예루살렘으로 향하시는데, 그 예루살렘은 이번에도 예수님을 알아뵙지 못합니다. 예수님께서 예루살렘에 입성하신 다음에도 그분의 가르침에 귀를 기울이는 이들이 있는가 하면 이를 못마땅하게 여기는 이들이 있습니다.

응답하는 이들과 거부하는 이들

이러한 맥락에서 예수님은 포도밭에 가서 일하겠다고 아버지께 대답하고도 가지 않은 작은아들과 가지 않겠다고 했으나 생각을 바꾸어 밭에 가서 일한 맏아들의 비유를 들어(마태 21,28-32) 세리와 창녀가 먼저 하늘 나라에 들어간다고 말씀하십니다. 그리고 소출을 내지 않는 포도밭 일꾼들의 비유를 들어 하느님의 나라가 "소출을 내는 민족"에게 주어질 것이라고 말씀하시며(마태 21,33-46), 마지막으로 혼인 잔치의 비유를 들어 먼저 초대받은 이들이 자격을 갖추지 못했으므로 다른 이들이 그 잔치에 초대될 것이라고 말씀하십니다(마태 22,1-14). 부르심을 받은 이들은 많았으나, 그 부르심에 응답한 이는 드물었기에 선택된 이들은 적었습니다. 이제 복음서는 막바지를 향해 가고 있습니다. 선택할 수 있는 시간은 많이 남아 있지 않습니다. 그래서 그만큼 더, 예수님은 결단을 재촉하실 것입니다. 이것이 하늘 나라의 도래를 깨어 기다리라는 마태 23-25장 종말론적 설교의 배경입니다.

종말의 예고

예수님은 부르심을 받았으나 응답하지 않은 율법학자와 바리사이들을 꾸짖으시고(마태 23장), 예루살렘의 파괴를 예고하십니다.

공관복음서의 연대 추정: 공관복음서의 연대를 추정할 때, 종말에 관한 언급에서 예루살렘 성전 파괴가 구체적으로 묘사되어 있으면 대개 그 본문은 성전이 실제로 파괴된 후에 작성된 것이라고 봅니다. 그런데 마태 22장에 나오는 혼인 잔치의

> 비유에서는 "[임금은] 군대를 보내어 그 살인자들을 없애고 그들의 고을을 불살라 버렸다"(마태 22,7)라고 말하고 있어, 예루살렘이 이미 함락되었고(기원후 70년) 저자가 그 함락을 하느님의 초대에 응하지 않은 유다인들에 대한 징벌로 이해하고 있음을 볼 수 있습니다.

하지만 마태 24장은 마르 13장과 달리 성전 파괴만이 아닌 사람의 아들의 재림에 대해서도 말하고 있어, 세상 끝 날에 일어날 일들로 더 관심이 집중됩니다. 예수님께서 성전 파괴를 예고하실 때 제자들은 한 걸음 더 나아가 "그런 일이 언제 일어나겠습니까? 또 스승님의 재림과 세상 종말의 표징은 어떤 것입니까?"(마태 24,3)라고 묻고, 그 질문에 대한 대답이 종말에 관한 24-25장의 말씀들입니다.

종말의 시기

세상 끝 날, 어쩌면 우리에게 생소한 주제입니다. 누가 세상 끝 날 이야기를 하면 일단 좀 수상한 시각으로 보게 됩니다. 사실은 세상의 종말과 관련된 잘못된 주장들이 많기는 하지요. 특히 어떤 특정한 날짜에 세상이 멸망한다거나 십사만사천 명이 채워지면 종말이 온다고 말하는 사람들은 의심스럽습니다.

사실 예수님은 종말의 날짜를 알 수 있다고 말씀하지 않으셨습니다. 그날이 언제 올 것인지를 묻는 제자들에게 예수님은 초지일관

"그날과 그 시간은 아무도 모른다"(마태 24,36; 25,13)고 대답하십니다. 답답하지요. 예수님은 주님께서 도둑처럼 갑자기 찾아올 것이라고(마태 24,42-44), 언제 도착할지 모르는 신랑처럼 갑자기 오시리라고 말씀하십니다(마태 25,1-13). 그것이 정답입니다. 날짜를 안다고 말하는 이들은 모두 예수님의 가르침에서 벗어나 있습니다.

하지만 종말은 분명 예수님의 가르침에서 중요한 주제입니다. 누룩처럼, 씨앗처럼 지금 성장하고 있는 하느님 나라는 언젠가 완성될 것이고 그때가 바로 종말이기 때문입니다. "사람의 아들이 영광에 싸여 모든 천사와 함께 오면, 자기의 영광스러운 옥좌에 앉을 것이다"(마태 25,31).

자, 그러면 어떻게 할까요? 그 시간을 알고 있다면 날짜가 임박했을 때에 준비할 수도 있을 것입니다. 그런데 그날을 모르기 때문에 그 준비는 지금 해야 합니다. 주인이 언제 찾아오더라도 성실하게 일하고 있는 종처럼, 신랑이 언제 도착하더라도 등불을 켜 놓고 기다리는 신부처럼 지금 그렇게 주님을 맞을 준비를 해야 합니다.

주님을 맞이할 준비

오늘 우리가 어떻게 살아야 하는지, 어떻게 하는 것이 주님께서 영광스럽게 다시 오실 날을 준비하며 사는 것인지, 그 답은 25장 뒷부분에 있습니다.

"가장 작은 이"에게 먹을 것과 마실 것을 주는 이들, 그들이 오늘 예수님을 맞아들이는 이들입니다. 바로 이들이 세상 창조 때부터 그들을 위하여 마련된 나라, 곧 하늘 나라로 들어갈 것입니다. 헤로데와 예루살렘이 부르심에 응답해야 하는 때가 있었던 것처럼, 오늘 우리에게도 그 응답이 요구됩니다. 그래서 어떤 이는 마태오 복음서에 관한 책에서 심판의 그날은 바로 오늘이라고 설명하기도 했습니다. 심판 날이 언제이든 그 심판의 결과는 오늘 우리가 어떻게 살고 있는가에 달려 있기 때문입니다.

그러나 오늘 우리를 찾아오시는 주님을 알아뵙지 못한 이들은 그날에 "저희가 언제 주님께서 굶주리시거나 목마르시거나 나그네 되신 것을 보고 … 시중들지 않았다는 말씀입니까?"(마태 25,44)라고 대답할 것입니다. 우리에게도 응답할 시간은 한없이 주어지지 않을 것입니다. 오늘 우리의 모습은 오시는 주님을 거부한 헤로데를 닮았습니까, 주님을 깨어 기다린 동방 박사들을 닮았습니까?

마르 1장: 복음서의 구조

"하느님의 아드님 예수 그리스도의 복음"(마르 1,1)

복음서 가운데 가장 먼저 작성되었고 가장 짧은 것이 마르코 복음서입니다. 그만큼 가장 간결하기도 합니다. 모든 복음서의 공통된 핵심을 이 복음서에서 확인할 수 있습니다.

하느님의 아드님, 예수 그리스도

예수님은 누구이신가? 이것이 복음서를 읽으며 끊임없이 물어야 하는 질문입니다. 그리고 이 질문에 대한 마태오 복음서 저자의 대답은 "다윗의 자손이시며 아브라함의 자손이신 예수 그리스도"였습니다. 마태 1,1에서 이를 알아볼 수 있었습니다.

 마르코 복음서에서도 마찬가지로, 저자는 첫 절에서 예수님이 누구이신지를 말해 줍니다. "하느님의 아드님 예수 그리스도의 복음의 시작"(마르 1,1). 예수님은 하느님의 아드님이시고 그리스도이십니다. 이렇게 선언해 놓은 다음 복음서가 전개되다가 8,29에 이르면 베드로가 예수님께 "스승님은 그리스도이십니다"라고 말할 것이고, 15,39에서는 백인대장이 "참으로 이 사람은 하느님의 아드님이셨다"고 고백할 것입니다. 이것이 마르코 복음서의 뼈대입니다.

1,1	하느님의 아드님 예수 그리스도	
	"도대체 이분이 누구시기에?"	갈릴래아
8,27-30	"스승님은 그리스도이십니다"	
	수난과 부활의 예고, 수난	예루살렘으로 / 예루살렘에서
15,39	"이 사람은 하느님의 아드님이셨다"	

마르 1,1에서 저자는 이 책이 "하느님의 아드님 예수 그리스도의 복음"이라고 밝혔지만, 복음서의 등장인물들이나 독자는 아직 예수님이 누구이신지를 알지 못합니다. 이 복음서의 앞부분에서 예수님은 갈릴래아에서 활동하시는데, 병자를 치유하시고 마귀를 쫓아내시고 풍랑을 잠잠하게 하시는 예수님의 행적과 말씀들은 모두 그분이 누구이신지를 드러내 줍니다. 하지만 사람들은 그분을 알아보지 못합니다. 놀라운 일들을 볼 때마다 "도대체 이분이 누구시기에?"(4,41)라고 서로 말할 뿐, 그분이 하느님의 아드님이시고 그리스도이심은 알

아보지 못합니다.

그래서 8,27에서 예수님께서 제자들에게 "사람들이 나를 누구라고 하느냐?" 하고 물으실 때 제자들은 정답을 말하지 못합니다. 지금까지 예수님께서 하신 일들을 보고서도 사람들은 그분이 누구이신지 깨닫지 못했습니다. 어떤 이들은 엘리야라 하고, 어떤 이들은 세례자 요한이라고 했습니다. 하지만 베드로는 정답을 말합니다. "스승님은 그리스도이십니다"(마르 8,29).

우리에게는 예수 그리스도라는 호칭이 너무 친숙해서, 마치 '그리스도'가 예수님 이름의 일부인 것처럼 보입니다. 하지만 '그리스도'라는 그리스어 단어는 히브리어 '메시아'의 번역입니다. 그래서 '예수 그리스도'라는 호칭에는, 예수님이 메시아라는 증언이 들어 있습니다. 마르코 복음서의 한가운데에서 베드로는 여기까지 도달한 것입니다.

메시아 비밀

베드로가 정답을 말했다면 예수님이 베드로를 칭찬하시고 다른 사람들에게 당신이 누구신지 가르쳐 주라고 하실 수도 있지 않았을까요? 하지만 예수님은 오히려 제자들에게 당신에 관하여 아무에게도 말하지 말라고 이르셨다고 되어 있습니다. 왜 그럴까요?

이 장면 이후에 나오는 베드로와 제자들의 모습에서, 어쩌면 그 이유를 알 수도 있을 것 같습니다. 8장에 나온 베드로의 고백 이후, 예수님은 세 차례에 걸쳐 당신의 수난과 부활을 예고하십니다. 그런데 제자들은 그 가르침을 잘 알아듣지 못하고 받아들이지도 못합니다. 베드로 역시 예수님께 "스승님은 그리스도이십니다"라고 말하면서도 예수님이 그리스도라는 것이 어떤 의미인지는 정확히 알지 못했던 것 같습니다.

예수님이 제자들에게 당신에 대해 말하지 말라고 하신 것은, 그들이 아직 당신을 알지 못했기 때문입니다. 이를 가리켜 '제자들의 몰이해' 또는 '메시아 비밀 사상'이라는 표현을 쓰기도 합니다. 제자들만 예수님을 알지 못한 것이 아닙니다. 그나마 정답을 말한 베드로도 예수님이 어떤 그리스도이신지 알지 못했다면, 예수님이 그리스도이시라는 사실도 알아보지 못한 이들이야 더 말할 것도 없었겠지요. 사람들이 이해하지 못하기에 예수님은 당신이 메시아이심을 비밀에 부치십니다. 예수님이 누구이신지는 수난과 죽음, 부활을 통해서야 온전히 계시될 것입니다.

백인대장의 고백

세 번째로 예수님께서 수난과 부활을 예고하실 때는, 예수님과 제자들이 "예루살렘으로 올라가는 길이었다"(마르 10,32)고 합니다. 실제로 예수님은 예루살렘에 한 번 가신 것이 아니라 요한 복음서에서 말하듯 세 번 정도 가셨을 것으로 생각됩니다. 하지만 마르코 복음서는 예수님께서 공생활 동안 갈릴래아에서 활동하시다가 한 번 예루살렘에 올라가시고 그곳에서 수난을 겪고 돌아가신 것으로 기록하지요. 그러니 예수님께서 예루살렘으로 올라가시는 길이었다는 말은 이미 수난과 죽음과 부활을 향해 가고 계심을 의미합니다.

그 길의 마지막에 이르러, 십자가에서 숨을 거두시는 예수님을 보면서 백인대장이 "참으로 이 사람은 하느님의 아드님이셨다"(마르 15,39)고 말합니다. 제자들은 예수님의 수난 예고를 받아들이지 못했으나, 오히려 이 이방인은 예수님의 죽음을 보면서 그분이 하느님의 아드님이심을 알아봅니다.

그렇다면 이제 다시 마르 1,1로 돌아가서 생각해 봅시다. 마르코 복음의 예수님은 "하느님의 아드님 예수 그리스도"이십니다. 저자는 이 책의 첫머리에서 이 사실을 이미 밝혀 놓았습니다. 하지만 제자들과 마찬가지로 우리도 아직은 예수님이 어떤 분이신지를 잘 알지 못합니다. 복음서를 읽어 가면서, 예수님이 하느님의 아드님이시라는 것, 그분이 그리스도이시라는 것이 과연 무엇을 의미하는지 찾아가야 하겠습니다. 복음서의 끝까지 이르기 전에는, 그 답을 온전히 알 수 없을 것입니다. 제자들도 예수님의 수난과 부활을 겪기 전에는 그분이 누구신지 알 수 없었고 그래서 예수님은 그들에게 당신에 대해 말하지 말라고 하셨습니다. 우리도 그들과 똑같은 '몰이해'에 빠질 수 있다는 점을 생각하면서, 복음서가 전해 주는 예수님의 모습을 가감 없이 있는 그대로 받아들일 수 있도록 빈 마음을 준비합시다.

마르 1장: 카파르나움에서의 하루

"때가 차서 하느님의 나라가 가까이 왔다.
회개하고 복음을 믿어라"(마르 1,15)

베드로 사도가 "스승님은 그리스도이십니다"(마르 8,29)라고 고백할 때까지, 마르코 복음서의 이야기는 갈릴래아에서 전개됩니다. 마르코 복음서에는 예수님의 탄생이나 어린 시절에 대한 부분이 없습니다. 첫 장면에서 즉시 세례자 요한이 광야에서 설교를 하고 예수님께서 요르단에 가시어 세례를 받으시고, 요한이 잡힌 다음 예수님은 갈릴래아에 가십니다. 그곳에서 베드로와 안드레아, 야고보와 요한을 부르시고, "그들은 카파르나움으로 갔다"(마르 1,21)고 되어 있습니다. 카파르나움은 갈릴래아 호수 근처에 있는 마을입니다. 베드로의 집이 그곳에 있었다고 합니다(마르 1,29). 여기에서 예수님이 하루 동안 하시는 일들을 따라가 본다면 그분이 갈릴래아에서 어떻게 사셨는지 알 수 있습니다. 마르 1,21-39이 바로 그런 단락입니다. 오전 또는 낮부터 시작하여 다음날 새벽까지, 말하자면 24시간 동안 예수님이 하신 일들을 요약해 놓았기에 이 부분을 가리켜 '카파르나움에서의 하루'라고 부릅니다.

> **마르코 복음서의 작성 연대:** 마르코 복음서가 네 복음서 가운데 가장 먼저 작성되었다는 점을 기억합시다. 마태오, 루카 복음서는 마르코 복음서를 토대로 하고, 여기에 다른 고유한 자료들을 첨가하여 엮었습니다. 마르코 복음서의 작성 연대는 65-70년, 예루살렘 성전이 로마에 의해 완전히 파괴되기 전으로 추정됩니다.

안식일, 회당

그날은 안식일이었고, 예수님께서는 회당에 들어가 가르치셨습니다. 마르코 복음서는 회당에서 어떤 식으로 가르치셨는지, 무슨 말씀을 하셨는지 전하지 않습니다.

 루카 4,16-30에서는 예수님이 나자렛 회당에서 선포하신 내용이 나옵니다. "안식일에 늘 하시던 대로 회당에 들어가셨다"(루카 4,16)고 되어 있지요. 아직 그리스도교가 유다교에서 분리되기 이전입니다.

보통의 유다교 신자와 마찬가지로 예수님은 안식일에 회당에 가셨고, 구약성경 두루마리를 받아 읽으셨습니다(루카 4,17). 이 장면에서 예수님은 지금 읽은 그 성경 말씀이 당신에게서 성취되었다고 선언하십니다(루카 4,21). 두루마리의 내용은 매번 달랐을 수도 있겠지요. 루카 4장에서는 이사야서 두루마리를 받아 읽으셨다고 되어 있으나 마르코 복음서에서는 특별한 언급이 없습니다.

한 가지 분명한 점은 예수님께서 "율법학자들과 달리 권위를 가지고"(마르 1,22) 가르치셨기 때문에 사람들이 놀랐다는 사실입니다. 사람들이 흔히 생각하는 인간적인 권위라면, 율법학자들도 권위가 있었을 것입니다. 그들은 성경을 연구한 학자이고, 다른 사람들을 가르치며 그 말씀들을 설명해 주었습니다. 그런데 예수님께는 그들에게 없는 다른 권위가 있습니다. "때가 차서 하느님의 나라가 가까이 왔다"(마르 1,15)고 선언하시는 그분은, 위에 인용한 루카 4장의 말씀에서와 같이, 구약의 말씀이 바로 당신에게서 실현됨을 선포하시기 때문입니다. 예수님은 구약성경이 미래에 이루어질 일에 대해서, 장차 올 메시아에 대해서 말하는 것으로 풀이하시지 않습니다. 더 기다리라고 말씀하시지 않고, 그 모든 약속들이 지금 여기서 성취되고 있으며 하느님 나라가 도래했다고 천명하십니다. 그것이 예수님의 말씀이 지닌 권위입니다. 그러니 사람들은 그분의 가르침에 놀랄 수밖에 없습니다. 믿기 어려워할 수도 있습니다. 하지만, 곧 이어지는 예수님의 행적들은 이 말씀들이 참되다는 것을 확증해 줍니다.

"더러운 영들에게 명령하니"(마르 1,27)

이어지는 단락은 예수님께서 행하신 구마와 치유에 대해 전해 줍니다(마르 1,23-34). 구마는 마르코 복음서에서 여러 차례 나타나며(3,23-27; 5,1-20), 예수님께서 악의 세력을 물리치시는 모습을 보여 줍니다. 하느님 나라의 능력은 이미 세상에서 드러나고 있습니다. "저이가 더러운 영들에게 명령하니 그것들도 복종하는구나"(마르 1,27). 사탄은 결박되고 그 집은 약탈당합니다(마르 3,27 참조). 그래서 예수님은 "내가 하느님의 영으로 마귀를 쫓아내는 것이면, 하느님의 나라가 이미 너희에게 와 있는 것이다"(마태 12,28)라고 말씀하십니다. 예수님께서 구마를 행하시는 바로 그 자리에서 지금 하느님의 능력이 행사됩니다. 그것이 새롭고 권위 있는 가르침입니다.

치유 역시 같은 의미를 갖습니다. 고대인들은 질병의 원인을 지금과는 다르게 이해했기에, 구마와 치유를 유사한 것으로 여겼습니다. 병에 사로잡혀 있는 이들을 치유하는 행위는 그들을 고통으로부터 벗어나게 하는 것인 동시에 어두운 악의 세력에서 벗어나게 하는 것이었습니다. 예수님의 치유 이적들은 세상에서 죄악과 불행으로 인해 고통받는 이들을 구해 내시고, 세상이 악마의 지배 아래 있지 않음을 드러내시는 순간이었습니다.

마르 1장에는 나오지 않지만 2장에서는 죄를 용서하시는 장면도 나오는데, 여기에서 죄의 용서는 중풍의 치유와 겹쳐집니다(2,1-12). 병자의 친구들은 중풍이 치유되는 것을 원했지만 예수님은 병자에게 "너는 죄를 용서받았다"(2,5)고 말씀하십니다.

여기에 눈여겨보아야 할 한 구절이 있습니다. "이자가 어떻게 저런 말을 할 수 있단 말인가? 하느님을 모독하는군. 하느님 한 분 외에 누가 죄를 용서할 수 있단 말인가?"(마르 2,7) 이것은 예수님이 하느님의 아드님이심을 알아 뵙지 못한 율법학자들의 말입니다. 그러나 이들의 논리는 정확합니다. 예수님이 죄를 용서하신다면, 그것은 바로 그분의 신성을 드러내는 행위입니다. 예수님은 중풍 병자의 치유를, 그가 죄를 용서받았다는 것을 입증하는 근거로 제시하십니다.

예수님의 기도

가르침, 구마, 치유, 용서. 해 진 다음까지 이어지는(마르 1,32) 바쁜 하루입니다. 하지만 그것이 예수님이 보내신 하루의 전부는 아니었습니다. 예수님은 "새벽 아직 캄캄할 때" "외딴곳으로 나가시어" 기도하십니다(1,35). 하느님의 아드님으로서 아버지와 더할 수 없이 깊이 일치하여 계신 분이면서도, 아버지의 뜻을 행하는 것만이 아니라 따로 아버지와 친밀한 관계 안에 머무는 시간을 가지셨다는 것, 우리가 잊지 말아야 할 부분입니다.

카파르나움에서 하루를 지내신 다음, 예수님은 제자들에게 말씀하십니다. "다른 이웃 고을들을 찾아가자. 그곳에도 내가 복음을 선포해야 한다. 사실 나는 그 일을 하려고 떠나온 것이다"(1,38). 갈릴래아에서 머무셨던 예수님의 삶은 이렇게 요약할 수 있습니다.

9

마르 9-10장: 예루살렘으로 가는 길

"죽임을 당하셨다가
사흘 만에 다시 살아나셔야 한다는 것을"(마르 8,31)

갈릴래아 근처에 계시던 예수님은 이제 길을 떠나십니다. 8,27-30에서 베드로는 예수님께 "스승님은 그리스도이십니다"라고 고백하고, 이어서 10,52까지 예루살렘으로 올라가는 도중에 수난과 부활 예고들이 이어집니다. 11장에서는 마침내 예루살렘에 입성하십니다. 예루살렘 방향으로 발걸음을 떼시는 그 순간부터, 예수님은 십자가와 부활을 향해 나아가십니다.

수난과 부활 예고

마르 8,31에서 시작하여 11장에서 예루살렘에 가까이 이르시기 전까지, 예루살렘을 향해 가는 길을 특징짓는 것은 세 차례에 걸친 수난과 부활 예고입니다. 흔히 수난 예고라고 하지만, 정확히 본문을 들여다보아야 합니다. 세 번 모두, 수난만을 예고하시는 것이 아니라 부활도 분명히 말씀하시기 때문입니다. 그리고 매번, 수난과 부활 예고 다음에는 그 말씀을 알아듣지 못하고 반대로 행동하는 제자들의 모습이 그려집니다. 그때마다 번번이, 예수님은 그런 제자들에게 당신을 어떻게 따라야 하는지를 알려 주십니다.

아래 제시된 성경 구절을 찾아 읽어 보시기 바랍니다.

	수난과 부활 예고	제자들의 행동	예수님의 가르침
첫 번째	8,31	8,32-33	8,34-38
두 번째	9,30-32	9,33-34	9,35-37
세 번째	10,32-34	10,35-41	10,42-45

첫 번째 예고를 보면, 예수님은 "사람의 아들이 반드시 많은 고난을 겪으시고 원로들과 수석 사제들과 율법학자들에게 배척을 받아 죽임을 당하셨다가 사흘 만에 다시 살아나셔야 한다는 것을"(마르 8,31) 말씀하십니다. 분명히 부활에 대한 예고도 있지요? 세 번의 예고가 모두 그렇습니다. 그런데 이 말씀을 들은 베드로는 "예수님을 꼭 붙들고 반박하기 시작"(마르 8,32)합니다. 아마도 부활에 대한 예고는 알아들을 수가 없고 귀에 들어오지도 않고, 수난 예고는 반대하고 싶었던 모양입니다. 아니면, 부활은 원하지만 죽음은 원하지 않았던 것일까

요? 어쨌든 베드로는 예수님으로부터 "사탄아, 내게서 물러가라"(마르 8,33)는 호된 질책을 듣습니다.

매번 이렇게 알아듣지 못하고 엉뚱한 행동을 하는 제자들에게 예수님은 어떻게 당신을 따라야 하는지 말씀하십니다. "누구든지 내 뒤를 따르려면 자신을 버리고 제 십자가를 지고 나를 따라야 한다"(마르 8,34). 예수님만 십자가를 지시는 것이 아니라, 그분을 따르는 제자 역시 십자가를 져야 합니다. 제자의 길이 예수님의 길과 다를 수 없습니다. 예루살렘으로 가는 예수님의 길은, 제자들이 자신들이 걸어야 할 길을 배우는 자리이기도 합니다.

제자의 길

반드시 많은 고난을 받으셔야 하는, 그리고 부활하실 예수님을 따르는 제자의 길은 어떠해야 할까요? 두 번째, 세 번째 예고 다음에도 예수님은 제자들에게 거듭 당신을 따르는 길에 대해 말씀하십니다. 두 번째 예고(마르 9,30-32) 다음에, 제자들은 또 아무것도 깨닫지 못한 이들처럼 누가 가장 큰 사람인지를 두고 길에서 논쟁합니다. 이런 제자들에게 예수님은 "누구든지 첫째가 되려면, 모든 이의 꼴찌가 되고 모든 이의 종이 되어야 한다"(마르 9,35)고 말씀하십니다. 누가 큰 사람인지 다투는 이들은 실상 예수님의 제자로서는 첫째가 될 수 없는 이들입니다.

세 번째 예고(마르 10,32-34) 다음에는 야고보와 요한이 예수님의 옆자리를 차지하려 하고 다른 제자들은 이를 불쾌해합니다. 저는 이 다른 제자들의 모습이 더 눈에 들어옵니다. 다른 열 제자도 마음속으로는 모두 예수님 옆자리를 탐냈던 모양이지요? 모두들 내가 커지려고 하는 모습입니다. 제자들은 예수님과 다른 길을 가려 합니다. 그러자 예수님은 다시 한번 제자들에게 섬기는 사람이 되라고, 모든 이의 종이 되라고 말씀하십니다(마르 10,43-44).

참 역설적입니다. 수난과 부활 예고 바로 다음에 나타나는 제자들의 모습은, 어쩌면 그렇게 스승의 가르침과 거리가 멀까요? 그들은 아직도 예수님이 어떤 메시아이신지 깨닫지 못했습니다. 예수님을, 백성 위에 군림하는 세상 통치자들처럼 생각한 것일까요? 그들은 예수님의 제자가 아니라 세상 통치자들의 제자였던 것일까요?

예수님의 길

"사람의 아들은 섬김을 받으러 온 것이 아니라 섬기러 왔고, 또 많은 이들의 몸값으로 자기 목숨을 바치러 왔다"(마르 10,45). 스승의 길이 제자의 길을 결정해야 합니다. 예수님은 십자가에서 당신이 어떤 메시아이신지를 남김없이 드러내십니다.

사람들은 "우리가 보고 믿게, 이스라엘의 임금 메시아는 지금 십자가에서 내려와 보시지"(마르 15,32)라고 말합니다. 그 말대로 하셨으면 훨씬 쉽지 않았을까요? 유다인이나 로마인이나 모든 사람이 예수님을 믿게 되고, 그 이후로 교회는 박해를 받을 일도 없이 온 세상으로 전파되지 않았을까요? 그러나 예수님은 그렇게 하지 않으십니다. "그러나 너희는 그래서는 안 된다"(마르 10,43). 예수님은 세상 사람들이 하듯이 힘과 능력을 떨쳐 보임으로써 당신을 드러내지 않으십니다. 오히려 십자가에서 숨을 거두심으로써 당신을 보내신 하느님 아버지에 대한, 그리고 당신께서 목숨을 바쳐 구하고자 하신 인간에 대한 지극한 사랑을 보여 주십니다. 복음서의 거의 마지막에 이르러 "그렇게 숨을 거두시는 것을 보고"(마르 15,39) 백인대장이 그분이 하느님의 아드님이셨음을 알아본다는 것은, 십자가에서 내려와 당신 자신을 구하시는 능력이 아니라 십자가에 죽기까지 아버지의 뜻을 받아들이시는 순종이 그분이 누구신지를 드러낸다는 것을 말해 줍니다.

마르코 복음서의 첫머리에서는 "하느님의 아드님 예수 그리스도의 복음의 시작"이라고 했습니다. 내가 알고 있는 예수님, 내가 믿고 있는 예수님은 어떤 분이십니까? 마르코 복음서가 말해 주듯이 많은 이들의 몸값으로 당신 자신을 바치는 분이십니까, 아니면 세상의 통치자들처럼 백성 위에 군림하는 분이십니까? 예수님을 따른다고 하면서도 어느새 세상을 따르는 세상의 제자가 되어 버리기가 참 쉽습니다. 내가 다른 사람보다 커지려 하고 나를 드러내려 하고 있다면, 나는 아직도 마르코 복음서가 증언하는 그 예수님의 제자는 아닙니다.

마르 11-16장: 마지막 한 주간

"찬양받으실 분의 아들 메시아"(마르 14,61)

한 해의 전례 가운데 파스카 성삼일이 가장 중요하듯이, 예수님의 삶에서도 가장 중요한 부분에 도달했습니다. 예수님의 죽음과 부활입니다. 마르코 복음서는 예루살렘에서 일어난 이 사건들을 한 주간의 일로 전해 줍니다. 끊임없이 예수님이 누구이신지 질문하며 그 죽음과 부활을 바라봅시다.

마지막 한 주간

마지막 한 주간의 첫째 날, 예수님은 나귀를 타고 예루살렘으로 가십니다. 즈카르야서에서는 나귀를 타고 예루살렘으로 오시는 분에 대하여 "보라, 너의 임금님이 너에게 오신다"(즈카 9,9)고 예고했습니다. 사람들이 알아보든 알아보지 못하든 예수님은 지금 다윗의 후손인 메시아로서 예루살렘에 들어가십니다. 백성은 그분을 "주님의 이름으로 오시는 분"(마르 11,9)으로 환영합니다. 하지만 며칠 후에 마음을 바꾸어 그분을 십자가에 못 박으라고 외치는 것을 보면, 그들도 예수님이 어떤 메시아이신지는 몰랐던 것 같습니다.

둘째 날 예수님은 열매가 없는 무화과나무를 저주하십니다. 이 나무는 열매를 맺지 못하는 성전을, 또는 유다교 지도자들을 상징합니다. 그리고 셋째 날에는 유다인들과 충돌하는 일이 일어납니다. 여러 부류의 인물이 등장합니다. 예수님께서 성전을 강도의 소굴로 만들어 놓은 이들을 비판하실 때에는 "수석 사제들과 율법학자들과 원로들"(마르 11,28)이 예수님의 권한을 문제 삼습니다. 다음으로는 "바리사이들과 헤로데 당원"(12,13)들이 예수님께 올무를 씌우려고 황제에게 세금을 내는 것이 옳은지 묻습니다. 그다음에는 "부활이 없다고 주장하는 사두가이들"(12,18)이 예수님과 부활에 관하여 논쟁을 합니다. 마지막으로는 "율법학자 한 사람"(12,28)이 예수님께 가장 큰 계명에 대해 묻습니다.

결국 핵심은 질문의 내용이 아니라, 여러 종류의 유다인들이 모두 예수님을 반대하며 찾아와 논쟁을 걸었다는 데에 있습니다. 예수님은 이 논쟁을 모두 물리치시고 그래서 더 이상 아무도 묻지 못합니다. 하지만 끝이 아닙니다. 예수님은 마지막으로 성전 파괴와 사람의 아들이 오시는 종말에 일어날 일들을 말씀하시고(13장), 그다음 수난의 날들이 시작됩니다. 며칠 사이에 사태는 급박하게 진전됩니다. 파스카 이틀 전, 수석 사제들과 율법학자들은 예수님을 붙잡아 죽일 계획을 하고, 베타니아에서는 한 여인이 예수님의 머리에 향유를 부어 그분의 장례를 준비합니다. 그날 유다는 예수님을 팔아넘기려고 수석 사제들을 찾아갑니다.

주님의 파스카

공관복음서에서 최후의 만찬은 파스카 만찬입니다. 요한 복음서에서는 그보다 하루 전의 일로 기록되어 사람들이 파스카 양을 잡는 날 예수님이 돌아가십니다. 두 경우 모두 예수님은 인류의 해방을 위하여 제물로 바쳐진 파스카 어린양으로 나타납니다. 이집트 탈출 때에 어린양의 피가 이스라엘 백성을 죽음에서 구하고 해방을 주었듯이, 많은 이들의 몸값으로 자기 목숨을 바치시는 예수님은 모든 이에게 구원을 가져다주는 제물이 되십니다.

그런데 파스카 만찬에서 "받아라. 이는 내 몸이다. 이는 내 계약의 피다"라고 말씀하시는 예수님은 이집트 탈출 때의 양들처럼 자신의 의지와 상관없이 죽임을 당하시는 것이 아니라 스스로 당신 자신을 내어 주십니다. "제가 원하는 것을 하지 마시고 아버지께서 원하시는 것을 하십시오"(마르 14,36)라는 것이 예수님의 뜻이었습니다. 수난에 관한 복음을 읽을 때에 눈여겨보아야 하는 부분입니다.

재판, 죽음

그 밤과 다음 날 아침, 두 번의 재판이 있습니다. 먼저 최고 의회에서 유다인들은 예수님께 "당신이 찬양받으실 분의 아들 메시아요?"

(마르 14,61)라고 묻고, 빌라도는 예수님께 "당신이 유다인들의 임금이오?"(15,2)라고 묻습니다.

질문이 다른 것은 관심사가 다르기 때문입니다. 유다인들에게 문제가 되는 것은 예수님이 하느님을 거슬러 스스로 신이라고 주장하였다는 사실입니다. 그들은 한 인간이 스스로 하느님의 아들이라고 하는 것을(마르 12,12) 믿을 수도, 받아들일 수도 없었습니다. 그러나 그들의 질문에 예수님은 "그렇다"고 말씀하십니다. 이제는 더 이상 비밀로 하지 않으십니다. 당신의 수난이 이미 시작되었기 때문입니다. 대사제는 "그렇다"라는 예수님의 말씀도 인정하지 않기에 신성 모독이라고 생각합니다.

한편 로마인들에게 문제가 되는 것은 예수님이 로마 황제를 거슬러 왕권을 주장하였다는 사실입니다. 예수님은 빌라도에게 아무 대답도 하지 않으십니다. 하지만 이 부분에서 복음서는 예수님이 하느님의 아드님이시고 유다인의 임금이시라고 말합니다. "그렇다"는 예수님의 대답만이 아니라 "유다인들의 임금님, 만세!"(마르 15,18)라는 조롱과 "유다인들의 임금"(15,26)이라는 명패까지도, 우리에게는 예수님이 진정 누구이신지를 말해 줍니다. 그리고 예수님이 숨을 거두실 때, 그 유명한 구절에서, 백인대장은 "참으로 이 사람은 하느님의 아드님이셨다"(15,39)고 고백합니다.

사람들은 하느님의 아드님이고 유다인들의 임금인 예수님을 감당할 수 없었습니다. 유다인들은 예수님이 하느님의 아드님이라는 사실을 용납할 수 없었고, 로마인들은 예수님이 유다인들의 임금이 되도록 내버려 둘 수 없었습니다. 그래서 사람들은 예수님을 십자가에 못 박습니다. 그러나 예수님의 부활은, 사람들이 아무리 거부해도 그분이 참으로 하느님의 아드님이셨음을 확인해 줍니다. 예수님의 수난과 죽음을 보면서 우리가 그분께서 "찬양받으실 분의 아들 메시아"(마르 14,61)이심을 알아보는 것, 이것이 마르코 복음서가 우리에게 제시하는 길입니다. 그 길을 따라갈 때, 마지막에 우리는 부활하신 주님을 만날 것입니다.

루카 1장: 테오필로스를 위한 두 권의 책

"우리 가운데에서 이루어진 일들에 관한 이야기"(루카 1,1)

루카 복음서 저자는 마르코 복음을 참조했기 때문에, 큰 줄거리는 마르코 복음서와 많이 겹칩니다. 하지만 큰 차이점도 있습니다. 루카 복음서는 마르코 복음서와 마찬가지로 예수님의 부활과 승천으로 끝나지만, 거기에서 멈추지 않고 사도행전으로 이어진다는 점입니다. 말하자면 루카 복음서는 2부작의 제1부에 해당합니다.

루카 복음서와 사도행전

루카 복음서 저자는 '테오필로스'라는 인물에게 자신이 쓴 복음서를 헌정하고(1,1-4), 사도 1,1에서 다시 "테오필로스 님, 첫 번째 책에서 저는 예수님의 행적과 가르침을 처음부터 다 다루었습니다"라고 말합니다. 예수님에 대해 전해 주는 그 "첫 번째 책"이 바로 루카 복음서입니다. 두 번째 책인 사도행전에서는 예수님께서 승천하신 다음 사도들과 첫 교회 공동체의 삶에 대해 전해 줍니다.

'테오필로스'는 실제 인물일 수도 있지만, 가상 인물일 수도 있습니다. '테오필로스'라는 이름이 하느님을 사랑하는 사람 또는 하느님의 사랑을 받는 사람을 뜻할 수 있어서, 그리스도인을 대표하는 이름일 수도 있으리라 생각됩니다. 그는 이미 기본적인 신앙 교육을 받은 사람이고(루카 1,4: "귀하께서 배우신 것들"), 복음서를 읽으면서 자신이 예수님에 대해 들었던 내용이 참되다는 것을 확인합니다. 이제 이 복음서를 읽는 우리는 또 한 사람의 테오필로스가 되어, 우리가 알던 예수님에 대한 증언을 이 책들에서 찾아볼 수 있습니다.

한편 이 두 권의 책을 쓴 사람이 루카인지 여부는, 복음서에서보다 사도행전에서 문제가 됩니다. 신약성경에 등장하는 루카는 바오로 사도와 함께 선교 여행을 다닌 의사입니다(콜로 4,14; 필레 24). 루카 복음서에 루카에 의한 복음이라는 제목이 나타나는 것은 2세기 후반부터인데, 실제로 그가 복음서를 썼을 가능성이 없는 것은 아니지만 의심스러운 점도 있습니다. 사도행전에서 저자가 선교 여행을 기술하며 '우리'라는 표현을 쓸 때에는 마치 그가 바오로와 함께 활동한 것처럼 보이지만, 이 책의 저자는 바오로와 상당히 다른 신학을 보이며 실제로 같이 다닌 것 같지는 않습니다. 그렇다면 사도행전에 사용된 '우리'는 문학적 표현으로 보아야 할 것입니다. 우리가 '루카'라고 할 때에는, 누구인지 정확히 알 수 없는 이 책들의 저자를 지칭합니다.

> **루카 복음서의 작성 연대:** 마태오 복음서와 마찬가지로 루카 복음서는 마르코 복음서를 기본 자료로 하고 있으므로 작성 연대는 70년대 이후가 됩니다. 예루살렘의 파괴에 대한 구체적인 묘사도(루카 19,43-44) 이 책이 80년대 정도에 작성되었음을 시사합니다.

구약, 복음서, 사도행전

이렇게 두 부분으로 구성된 책을 쓴 저자는, 구원의 역사를 세 시대로 봅니다.

첫 시대는 구약 시대로 예수 그리스도의 오심을 준비하는 시기입니다. 세례자 요한이 그 시대를 끝맺습니다. 마태오 복음서 저자가 자주 구약을 인용하여 그 성취를 강조한다면, 루카 복음서 저자는 예수님의 입을 빌려 구약이 그분을 예고하고 있음을 밝힙니다. 예를 들어, 공생활 초기 나자렛 회당에서 하신 말씀에서 예수님은 이사야 예언서의 두루마리를 읽으시고는 "오늘 이 성경 말씀이 너희가 듣는 가운데에서 이루어졌다"(루카 4,21)고 선포하십니다. 그리고 부활하신 예수님은 당신의 수난과 죽음을 두고 "나에 관하여 모세의 율법과 예언서와 시편에 기록된 모든 것이 다 이루어져야 한다"(루카 24,44)고 말씀하십니다.

두 번째 시대는 예수님께서 지상에서 활동하신 기간으로, 그 시대에 대해 전해 주는 책이 루카 복음서입니다(사도 1,1: "예수님의 행적과 가르침"). 이 부분의 큰 줄거리는 마르코 복음을 따라가지만, 첫 부분에 예루살렘을 배경으로 세례자 요한의 탄생 이야기가 나오고 이어서 예수님의 탄생이 기술되는 점은 루카 복음서의 고유한 특징입니다. 예수님이 성전에서 봉헌되신 것과 열두 살 때에 성전에 가신 것도 루카 복음서에만 나오는 이야기들입니다. 성모님과 목자들에 대한 언급은 가난한 이들에 대한 루카 복음서 저자의 관심을 보여 주는 것이기도 합니다.

이러한 도입 부분이 지나고 나면 마르코 복음과 같이 갈릴래아 활동기, 예루살렘 상경기, 예수님의 수난과 죽음과 부활이 이어집니다. 먼저 갈릴래아를 배경으로 예수님의 활동을 기술한 다음 9,51에서는 "하늘에 올라가실 때가 차자, 예수님께서는 예루살렘으로 가시려고 마음을 굳히셨다"고 말합니다. 여기서부터 예루살렘 상경기로, 마르코 복음서처럼 수난과 부활에 대한 예고들이 들어 있습니다. 그리고 예수님께서 "예루살렘으로 오르는 길을 걸어가셨다"고 전하는 19,28부터 끝까지는 예루살렘에서 이루어진 주님의 수난, 죽음, 부활을 전합니다. 이렇게 루카 복음서는 예루살렘에서 시작하여 예루살렘에서 완성됩니다.

교회의 삶을 이야기하는 사도행전에서 예루살렘은 복음 선포의 출발점입니다. 루카 복음서의 마지막 장면이며 사도행전의 첫 장면인 예수님의 승천 때에 천사들은 사도들에게 "갈릴래아 사람들아, 왜 하늘만 쳐다보고 있느냐?"(사도 1,11)고 말합니다. 이제는 사도들이 움직일 때입니다. 앞부분에서는 예루살렘을 중심으로 한 교회 공동체의 삶을 이야기하고(1-7장), 이어서 유다와 주변 몇몇 지역에서의 활동을 전한 다음(8-12장), 후반부에서는 땅끝까지 복음을 전하는 사도들(특히 바오로)의 선교를 기술합니다(13-27장).

우리의 신약 종주 여정에서는, 신약성경 순서에 따라 네 복음서를 모두 마친 후에 사도행전을 읽을 것입니다. 하지만 루카 복음서를 읽을 때에는, 이 책이 사도행전까지 이어져 '땅끝까지'를 바라보고 있다는 사실을 기억하는 것이 좋습니다. 복음서는 완결된 책이 아닙니다. 우리는 하늘만 쳐다보고 있어서는 안 됩니다. 복음서는 우리에게 출발점이 되어야 합니다. 우리 역시 이 복음의 증인이 되어야 하기 때문입니다(사도 1,8 참조).

루카의 고유 자료: 잃은 이들에 대한 관심

"사람의 아들은 잃은 이들을 찾아 구원하러 왔다"(루카 19,10)

예수님의 특별 관심 대상이 된 사람들은 어떤 이들이었을까요? 특별히 잘난 인물들, 임금들, 부자들이 아니었음은 분명합니다. 더구나 예수님이 태어나실 때 "들에 살면서 밤에도 양 떼를 지키는 목자들"(루카 2,8)이 가장 먼저 찾아와 경배를 드렸다고 전하는 루카 복음서에서, 예수님은 "사람의 아들은 잃은 이들을 찾아 구원하러 왔다"(루카 19,10)고 말씀하십니다. 잃은 이들에 대한 관심, 이것이 루카 복음서의 두드러진 신학적 특징입니다.

나자렛의 희년 선포

마태오 복음서에서 예수님의 첫 설교는 산상 설교였지요. 루카 복음서에 실려 있는 예수님의 첫 설교는 나자렛 회당의 설교입니다. 그곳에서 예수님은 두루마리를 펼치시어 이사야 예언서를 읽으십니다. "주님께서 나에게 기름을 부어 주시니 … 가난한 이들에게 기쁜 소식을 전하고 … 주님의 은혜로운 해를 선포하게 하셨다"(루카 4,18-19).

"주님의 은혜로운 해"라는 표현 때문에, 이 단락을 흔히 '나자렛의 희년 선포'라고 합니다. 그런데 오늘날 우리에게는 희년보다도, 예수님께서 세상에 오신 목적이 '가난한 이들에게 기쁜 소식을 전하는 것'이라는 사실이 더 핵심이 되는 메시지입니다. 예수님은 훌륭한 사람들, 당신을 잘 접대하는 사람들이나 당신의 일을 잘 도와드릴 능력을 지닌 이들을 찾아가지 않으십니다.

죄인들

예수님은 자캐오의 집에서 "잃은 이들을 찾아 구원하러 왔다"고 말씀하십니다. 세관장인 자캐오는 그저 마음속으로 스스로 죄인이라고 여기던 사람이 아니라, 보는 사람마다 모두 대놓고 죄인이라고 여기던 사람이었습니다. 그는 예수님께 자신을 보아 달라고, 자기 집에 오시라고 말씀드리지 못하지만 예수님께서 먼저 그의 집에 머물겠다고 말씀하십니다. 예수님께 자캐오는 "아브라함의 자손"(루카 19,9)입니다. 그가 지금 예수님 앞에 나서지 못하는 세리여도, 그는 본래 아브라함의 자손입니다. 예수님은 "잃은 이"인 자캐오를 되찾으려 하십니다.

잃었던 것을 되찾으면 어떻게 될까요? 그 이야기들이 루카 15장에 들어 있습니다. 되찾은 양의 비유, 되찾은 은전의 비유, 되찾은 아들의 비유입니다. 특히 되찾은 아들의 비유는 매우 유명하지요. 다른 복음서에는 들어 있지 않은 루카 복음서의 고유한 부분입니다. 이 이야기가 보여 주는 하느님 아버지는, 아들이 집을 떠났다고 해서 분노하거나 아들을 버리는 분이 아닙니다. 아들이 돌아오기를 간절히 기다리시고, 마침내 아들이 돌아왔을 때 크게 기뻐하십니다. 되찾은 은전의 비유에서도 말하듯이, 회개하는 죄인 한 사람 때문에 하느님의 천사들이 기뻐합니다. 죄인 한 사람은 잃어버려도 그만인 존재가 아니라, 온 세상을 돌아다녀서라도 찾아 데려와야 할 하느님의 소중한 자녀입니다.

가난한 이들

나자렛 회당의 선포에서도 가난한 이들이 언급되고 루카 1,46-56에 나오는 마리아의 노래에서도 가난한 이들에게 자비를 베푸시는 하느님을 찬양합니다. "굶주린 이들을 좋은 것으로 배불리시고 부유한 자들을 빈손으로 내치셨습니다"(루카 1,53).

루카 복음서는 가난한 이들을 중시하는 만큼 재산에 대해서도 자주 이야기합니다. 재산이 구원을 보장해 주지 못합니다. 언제 죽을지 모르는 인간은 그 재산을 두고 떠나가야 합니다(루카 12,13-21). 부자와 라자로의 비유에서도(루카 16,19-31) 아브라함의 품에 안기는 것은 가난한 라자로입니다. 가난한 이들에게 베푸는 선행도 매우 중시됩니다. 나에게 되갚을 수 없는 가난한 이들에게 호의를 베풀면 "의인들이 부활할 때에"(루카 14,14) 보답을 받을 것입니다.

여인들

고대에 존중을 받지 못했던 여인들에게도 기쁜 소식이 전해집니다. 먼저, 세례자 요한을 잉태한 엘리사벳은 "내가 사람들 사이에서 겪어야 했던 치욕을 없애 주시려고 주님께서 굽어보시어 나에게 이 일을 해 주셨구나"(루카 1,25)라고 말합니다. 예수님의 탄생에 대해 전할 때에도, 마태오 복음서에서 요셉을 중심으로 이야기하는 데에 비하여 루카 복음서에서는 성모님의 이야기를 많이 전해 줍니다.

루카 7,11-17에는 다시 루카의 고유한 자료로서 예수님께서 나인에서 과부의 외아들을 살리신 이야기가 나옵니다. 과부의 외아들을 살리신 것은 아들을 위해서였을까요, 아니면 의지할 곳 없는 어머니를 위해서였을까요? 예수님은 되살아난 아들을 어머니에게 돌려주셨습니다(루카 7,16).

사마리아인들

마지막으로, 사마리아인들이 있습니다. 루카 복음서는 마르코 복음서에 의존하지만, 마르코 복음서에는 사마리아인들이 등장하지 않습니다. 그런데 루카 복음서에서는 착한 사마리아 사람의 비유와(루카 10,29-37) 나병에서 치유받고 돌아와 예수님께 감사를 드린 사마리아 사람의 이야기로(루카 17,11-19) 사마리아인을 신앙인의 모범으로 제시합니다. 사도행전에서는 복음이 예루살렘에서부터 사마리아를 거쳐 땅끝까지 전해져야 한다고 말하지요(사도 1,8). 배척받았던 사마리아인들이 이제는 복음 선포의 대상이 됩니다.

여러분은 어떤 사람들을 만나고 싶으십니까? 어떤 이들과 함께 일하고, 어떤 이들과 함께 휴일을 지내고 싶으십니까? 예수님은 "건강한 이들에게는 의사가 필요하지 않으나 병든 이들에게는 필요하다"(루카 5,31)고 말씀하십니다. 나의 사랑이 필요한 사람, 나의 증언이 필요한 사람은 누구일까요? 복음을 필요로 하는 사람은 누구일까요? 예수님은 그들을 찾아가십니다.

> **루카 복음서의 '성령'**: 성령을 자주 언급하는 것도 루카 복음서의 특징 가운데 하나입니다. 예수님의 잉태도 성령으로 이루어지고(루카 1,35), 엘리사벳(루카 1,41), 즈카르야(루카 1,67), 시메온(루카 2,25) 등이 성령을 받습니다. 그 밖에도 많은 본문이 있지만, 특히 예수님께서 나자렛 회당에서 "주님께서 나에게 기름을 부어 주시니 주님의 영이 내 위에 내리셨다"(루카 4,18)는 구절을 읽으신다는 점을 기억합시다(이사 61,1 참조).

13

루카 24장: 부활

"그분께서 살아 계시다"(루카 24,23)

같은 수난을 이야기하고 같은 부활을 이야기하는데도 복음서마다 색채가 다릅니다. 루카 복음서의 부활 이야기에서는 엠마오로 가던 두 제자 장면이 특히 눈에 띕니다.

루카 복음서의 수난기

수난에 관한 부분은 마르코 복음서에 가까운 편입니다. 한 가지만 짚어 둔다면, 마르코 복음서를 자료로 사용했던 루카 복음서 저자는 예수님과 제자들의 인간적인 모습보다 흔들림 없이 수난을 받아들이시는 예수님의 모습을 부각합니다. 예를 들면 예수님께서 당신을 십자가에 못 박는 이들에 대해 "아버지, 저들을 용서해 주십시오. 저들은 자기들이 무슨 일을 하는지 모릅니다"(루카 23,34)라고 말씀하신 것, 옆에 매달린 죄수에게 "너는 오늘 나와 함께 낙원에 있을 것이다"(23,43), 그리고 숨을 거두실 때 "아버지, 제 영을 아버지 손에 맡깁니다"(23,46)라고 말씀하신 것은 루카 복음서에만 나타납니다. 루카 복음서의 예수님은 백인대장의 말대로 "의로운 분"(23,47), 무죄하신 분이시면서도 스스로 당신 자신을 내주시는(22,19-20 참조) 분이십니다.

사실 이러한 모습은, 갈릴래아를 떠나 예루살렘으로 향하기 시작하시는 순간에 "하늘에 올라가실 때가 차자, 예수님께서는 예루살렘으로 가시려고 마음을 굳히셨다"(루카 9,51)는 데에서도 이미 나타났습니다. 다른 사람들 때문에 어쩔 수 없이 끌려가신 것이 아닙니다. 예수님 스스로 예루살렘에 가고자 하셨습니다. 그곳이 수난과 죽음의 장소가 되리라는 것을 아시면서도 예수님은 그 수난과 죽음을 피하지 않으십니다.

> **예수님을 닮은 스테파노의 순교**: 같은 저자가 쓴 사도행전에서, 스테파노의 순교는 루카 23장의 예수님 모습과 유사하게 나타납니다. 예수님께서 아버지께 당신 영을 맡기셨듯이 스테파노는 "주 예수님, 제 영을 받아 주십시오"라고 기도하고, 돌을 던지는 이들에 대해서도 "주님, 이 죄를 저 사람들에게 돌리지 마십시오"(사도 7,59-60)라고 말합니다. 순교자는 예수님을 뒤따라 사랑으로 자신의 목숨을 내어 줍니다.

부활

부활에 관련된 루카 24장에서는 루카 복음서의 특징적인 요소가 많이 나타납니다. 여자들이 빈 무덤을 발견하는 이야기까지는(1-12절) 마르코 복음서와 유사합니다. 하지만 그 후에 이어지는 엠마오로 가는 제자들 이야기(13-35절), 그리고 그 후에 예수님께서 다시 제자들에게 나타나시고 마지막에는 베타니아에서 승천하신 것을 전하는 이야기에는(36-53절) 루카 복음서만의 특징들이 있습니다.

첫째로, 이 모든 사건은 예루살렘을 중심으로 전개됩니다. 다른 복음서에서와 달리, 루카 복음서에서 제자들은 부활하신 예수님을 만나기 위해 갈릴래아로 가지 않습니다. 예루살렘은 예수님이 돌아가시고 부활하신 곳, 제자들이 예수님의 증인으로 파견을 받아 복음을 선포하기 시작하는 곳입니다. 이후 이어지는 사도행전 첫 부분은 예루살렘의 첫 공동체가 어떤 모습이었는지, 그리고 예루살렘 교회가 어떻게 복음을 선포했는지를 전해 줄 것입니다.

둘째로, 여자들이 빈 무덤을 확인한 일부터 승천까지 모든 일이 하루 안에 일어납니다. "주간 첫날 새벽 일찍이"(루카 24,1) 여자들은 빈 무덤을 발견하고, 바로 제자들에게 이 사실을 전합니다. "바로 그날"(24,13) 두 제자가 엠마오로 가던 중에 예수님을 뵙습니다. 두 제자는 그날 "곧바로 일어나"(24,33) 예루살렘으로 돌아가 다른 제자들과 재회하고, 그들이 모여 있는 바로 그 자리에 예수님께서 나타나십니다. 그리고는 베타니아 근처에서 승천하십니다. 루카 복음서에서는 여러 차례에 걸친 발현을 말하지 않습니다. 24장이 모두 하루 동안 일어난 일이라고 생각하면, 제자들도 참 바빴겠지요. 이렇게 농축된 하루로 복음서를 끝맺고 바로 사도들의 복음 선포로 넘어가게 됩니다.

엠마오로 가는 길에서

이렇게 중요한 한 장에서, 갑자기 박자가 느려지며 엠마오로 가는 두 제자와 예수님 사이의 대화를 길게 소개합니다.

엠마오로 가는 제자들은 예수님이 예언자이시며 이스라엘을 해방하실 분이라고 믿었습니다. 그런데 그들이 본 것은 예수님께서 잡히시고 십자가에 처형되시는 장면이었습니다. 사실은, 그분께서 부활하셨다는 소식도 들었습니다. 빈 무덤을 본 여자들이 전하는 말을 들었기 때문입니다. 그러나 아직 부활을 믿지는 못했고, 부활하신 예수님이 그들과 함께 계신 것을 알아보지도 못했습니다.

이 제자들은 왜 예수님을 알아뵙지 못했을까요? 여러 가지로 설명을 하는데, 저는 그냥 간단하게 생각합니다. 지금 우리가 걷고 있는 길에 예수님이 나타나셔서 함께 걸으신다면, 우리는 그분을 알아볼 수 있을까요?

엠마오로 가는 제자들의 처지는 우리의 처지와 닮았습니다. 우리도 예수님이 어떤 분이신지를 조금이나마 알고 있습니다. 그분의 죽음도 보았습니다. 곳곳에 십자가들이 걸려 있고, 그것이 예수님의 죽음을 요약해 주기 때문입니다. 그리고 우리도 부활 소식을 들었습니다. 처음 빈 무덤을 본 여인들로부터 시작하여 사도들을 거쳐 이천 년의 교회 역사를 거치면서, 예수님의 죽음과 부활에 대한 증언이 이어져 왔기 때문입니다. 지금도 예수님은 땅속에 묻혀 계신 분이 아니라 부활하여 우리와 함께 계시는 분입니다.

그래서 엠마오 이야기는 우리에게, 부활 이후의 그리스도인들에게, 예수님을 어디서 만날 수 있는지를 말해 주는 이야기가 됩니다. 제자들은 예수님께서 빵을 떼어 주실 때 그분을 알아뵙고, 그분께서 성경을 풀이해 주실 때 그분의 삶을 이해하게 됩니다. '말씀'과 '성찬', 이것이 우리가 부활하여 현존하시는 예수님을 만날 수 있는 자리입니다. 루카 복음서는 예수님을 알아보지 못하는 엠마오의 제자들을 우리에게 보여 줌으로써, 마찬가지로 예수님의 현존을 알아보지 못하는 우리 자신을 돌아보게 합니다. 예수님을 만나는 자리는 멀리 있는 것이 아닙니다. 지금 우리 가까이에도 그 기회들이 주어져 있습니다. 그것을 깨닫지 못하는 이들은, 예수님께서 부활하셨어도 "침통한 표정을 한 채"(루카 24,17) 걸어갑니다.

요한 1장:
"한처음에 말씀이 계셨다"

> "한처음에 말씀이 계셨다.
> 말씀은 하느님과 함께 계셨는데 말씀은 하느님이셨다"(요한 1,1)

'로고스(logos, 말씀) 찬가'라고도 하는 요한 복음 1장의 머리글은 유명하지요. "말씀이 사람이 되시어…"(요한 1,14)라는 구절도 여기에 나옵니다. 실제로 이 머리글만 읽어도 요한 복음서의 주요한 여러 가지 특징을 알 수 있습니다.

창조와 그리스도

복음서를 시작하는 첫마디가 "한처음에"(요한 1,1)입니다. 창세 1,1과 같은 말씀으로, 우리를 창조의 첫 순간까지 거슬러 올라가게 합니다.

복음서 가운데 가장 먼저 작성된 마르코 복음서는 세례자 요한의 설교와 예수님의 세례에서 시작했습니다(마르 1,1-11). 대략 예수님 나이 30세 정도입니다. 마르코 복음서를 바탕으로, 그보다 늦게 작성된 마태오 복음서와 루카 복음서는 더 거슬러 올라갑니다. 마태오 복음서는 아브라함부터 이어지는 예수님의 족보로 시작하지만(마태 1,1-17), 본격적인 이야기는 예수님의 탄생부터입니다(마태 1,1,18 이하). 루카 복음서는 3장에 예수님의 족보가 나오는데(루카 3,23-38) 아담까지 거슬러 올라갑니다. 여기서 사건은 세례자 요한과 예수님의 탄생 예고에서부터 시작합니다.

이렇게 보면, 시간이 지날수록 복음서 저자들이 예수님의 이야기를 점점 더 거슬러 올라가고 있다는 것을 알 수 있습니다. 처음에 복음서를 쓸 때에는 예수님의 활동을 중심으로 썼는데, 점점 시간이 지날수록 그분이 누구신지를 설명하기 위하여 그분의 기원을 찾습니다. 그리고 나서 요한 복음이 하는 이야기가 "한처음에 말씀이 계셨다. 말씀은 하느님과 함께 계셨는데 말씀은 하느님이셨다"(요한 1,1)는 것입니다.

예수님께서 태어나신 때가 아니라 세상이 처음 창조되던 때부터 계셨다는 것, 이것을 선재先在 사상이라고 합니다. 예수님은 다른 피조물들처럼 시간 안에서 창조된 존재가 아니라 영원으로부터 계신 분이라는 것입니다. 이는 궁극적으로 그분이 하느님이심을 뜻합니다.

요한 복음서는 처음부터 그분이 하느님이시라는 것을 숨기지 않습니다. 복음서를 읽을 때는 저자가 예수님을 누구라고 말하는지에 늘 주의를 기울여야 한다고 앞에서 말했지요. 요한 복음서에는 매우 중요한 구절이 있습니다. "이것들을 기록한 목적은 예수님께서 메시아 시며 하느님의 아드님이심을 여러분이 믿고, 또 그렇게 믿어서 그분의 이름으로 생명을 얻게 하려는 것이다"(요한 20,31)라는 구절입니다. 이렇게 친절하게 자신이 복음서를 쓴 목적을 밝혀 주었으니, 말하자면 우리에게 요점 정리를 해 준 셈입니다. 처음부터 끝까지, 복음서에서 말하고자 하는 바는 바로 이것입니다.

사람이 되신 말씀

물론 아무도 하느님을 본 적은 없습니다. 하지만 "아버지와 가장 가까우신 외아드님, 하느님이신 그분"(요한 1,18)이 우리에게 하느님을 알려 주셨습니다.

그런데 요한 복음서 1장에서는, 과연 그 과정이 어떠했는지를 이미 다 말해 주고 있습니다. 하느님이신 그분이 "사람이 되시어 우리 가운데"(요한 1,14) 사셨지만, 참빛이 세상에 왔지만, 세상은 그분을 알아보지 못했습니다. 이렇게 1장에서 이미 빛과 어둠이 갈라집니다. 말씀이 사람이 되시어 이 세상에 오셨다 해서 모든 사람이 그분을 알아보고 믿은 것은 아니었습니다. 하지만 그분을 받아들이는 이들도 있었고, 그들은 "하느님의 자녀가 되는 권한"(요한 1,12)을 받았습니다. 그들은 예수님께서 하느님의 아드님으로서 지니신 영광을 알아본 이들입니다(요한 1,14). 그러나 많은 이가 그분을 만나고서도 그분의 영광을 보지 못합니다. 그분이 하느님의 아드님이심을 깨닫지 못하고, 받아들이지 못하는 것입니다.

그래서 복음서에서는 이분을 알아보는 문제를 둘러싸고 계속 빛과 어둠이 대립될 것입니다. '표징의 책'이라 불리는 요한 1-12장에서는 그분의 영광을 드러내는 표징들이 계속 소개되지만, 1장에서 이미 말했듯이 세상은 빛이며 생명이신 그분을 알아보지 못합니다. 표징의 책 마지막 부분에 가서 저자는 "예수님께서는 그들 앞에서 그토록 많은 표징을 일으키셨지만, 그들은 그분을 믿지 않았다"(요한 12,37)고 말합니다. 그리고 '영광의 책'인 13-21장에서는 그분의 수난과 죽음과 부활을 통하여 그분의 영광이 드러납니다. 빛과 어둠의 충돌이 절정에 달하는 바로 그 자리에서 빛이 가장 밝게 빛난다고 할까요? 가장 캄캄한 그 자리가 가장 밝은 자리가 될 것입니다. 이 모든 것이 1장의 서문에 예고되어 있습니다.

저자 문제에 대해 덧붙이겠습니다. 마태오 복음서를 마태오가 썼는지, 마르코 복음서를 마르코가 썼는지, 루카 복음서를 루카가 썼는지, 모두 의문의 여지가 있습니다. 요한 복음서의 경우 그 문제는 더욱 복잡합니다. 요한 21,20.24에서는 '예수님께서 사랑하시던 제자가 이 일들을 증언하고 또 기록한 사람'이라고 말하지만, 사랑하시던 제자가 꼭 요한이라고 단정할 수 없습니다. 또한 이 복음서의 저자가 사도 요한이 아니라 요한이라는 이름의 다른 인물이었다는 주장도 있습니다. 요한 서간, 요한 묵시록 문제까지 같이 생각하면 더 어려워집니다. 결국 요한이 썼다고도, 쓰지 않았다고도 확실하게 단정지어 말할 수는 없을 듯합니다. 하지만 사도 요한의 영향을 받은 이들이 요한 복음서, 요한 서간, 요한 묵시록을 썼을 가능성은 충분히 인정할 수 있습니다. 그래서 저자를 확실히 말할 수는 없어도 이 세 책에 대해 '요한계'라는 표현은 사용할 수 있습니다.

> **요한 복음서의 역사성:** 앞서 언급한 것처럼, 공관복음서에서는 예수님께서 갈릴래아에서 활동하시다가 예루살렘에 한 번 올라가신 것으로 되어 있어 갈릴래아가 활동의 중심지로 나타납니다. 그런데 요한 복음서에서는 예수님이 적어도 세 번 예루살렘에 올라가신 것으로 나오고 많은 일이 예루살렘에서 전개됩니다. 유다교 지도자들과의 충돌도 예수님 생애의 마지막 짧은 기간 동안에 일어나지 않고 서서히 전개됩니다. 이러한 부분들에서는 요한 복음서가 역사적 사실에 더 가깝고, 공관복음서는 이를 요약하여 도식적으로 제시한 것으로 보입니다.

요한 1-12장: 표징의 책

"표징을 일으키시어, 당신의 영광을 드러내셨다"(요한 2,11)

표징이 주민등록증 같은 것일까요? 예수님께서 표징을 보여 주시면 누구나 그분이 누구신지를 확실히 알게 될까요? 표징의 책이 결국 '사람들이 그분을 믿지 않았다'는 말로 끝나는 것을 보면(요한 12,37 참조) 꼭 그렇지는 않은 듯합니다.

표징의 역할

표징의 책(요한 1-12장)의 특징은 물론 표징들입니다. 요한 복음에서 '표징'(*semeion*)이라고 하는 것을 공관복음서에서는 '기적'(*dynamis*)이라고 합니다. 기적은 어떤 능력을 드러내는 것이지요. 공관복음에서 사람들은 예수님이 지니신 "기적의 힘"(마태 13,54; 14,2)을 놀라워합니다. 이에 비하여 표징이라는 표현은 사건 그 자체가 엄청난 것이라는 의미보다도 그 사건이 다른 무엇을 보여 준다는 뜻을 담고 있습니다. 예를 들어 마태오 복음서에서 제자들은 "스승님의 재림과 세상 종말의 표징은 어떤 것입니까?"(24,3)라고 묻습니다. 그 표징은 어쩌면 대단한 사건이 아닐지도 모릅니다. 아침에 하늘이 붉으면 날씨가 궂을 것이라고 생각하듯이(마태 16,3), 무엇인가를 알려 주는 역할을 한다면 그것이 표징입니다.

> **일곱 가지 표징:** 요한 1-12장에는 일곱 가지 표징이 언급됩니다. 예수님이 처음으로 표징을 일으키신 것은 카나의 혼인 잔치에서였습니다(2,1-11). 왕실 관리의 아들을 살리신 것이 두 번째 표징이고(4,46-54), 이어서 벳자타 못가에서 병자를 고치시고(5,1-9), 오천 명을 먹이시고(6,1-15), 물 위를 걸으시고(6,16-21), 태어나면서부터 눈먼 사람을 고쳐 주시고(9,1-41), 마지막으로 죽은 라자로를 살리십니다(11,1-44).

혼인 잔치

첫째 표징은 카나의 혼인 잔치에서 물을 포도주로 바꾸신 일입니다. 성경에서 혼인 잔치는 중요한 상징적 의미를 갖습니다. 일단 혼인 잔치는 기쁘고 즐겁고 풍요롭습니다. 그뿐만 아니라 혼인 잔치는 신랑이신 하느님과 신부인 이스라엘의 사랑, 온전한 결합을 나타냅니다.

그래서 마태 22,1-14과 25,1-13에서는 예수님이 혼인 잔치의 신랑으로 표현되고, 마르 2,18-20에서는 예수님께서 당신의 제자들을 두고 "혼인 잔치 손님들이 신랑과 함께 있는 동안에 단식할 수야 없지 않으냐?"고 말씀하십니다. 세례자 요한의 제자들이 단식하던 것과 달리 예수님의 제자들은 신랑이신 예수님과 함께 있는 혼인 잔치의 손님들입니다. 요한 1장에서는 예수님의 첫 제자들 가운데에는 과거에 세례자 요한의 제자였던 이들이 있었다고 말합니다(요한 1,35-37). 이들에게, 광야에서 살던 요한의 모습과 제자들을 데리고 혼인 잔치에 가시는 예수님의 모습은 매우 대조적으로 느껴졌을 것입니다. 그렇게 대조적인 이유는 요한은 메시아를 기다리며 준비하는 인물이었고 예수님은 당신 자신이 메시아이셨기 때문입니다. 예수님께서 물을 포도주로 바꾸어 주시는 카나의 혼인 잔치는 메시아 시대의 약속이 실현되는 자리가 됩니다.

예수님의 때

그런데 다른 한편으로 예수님은, 포도주가 떨어졌다고 말씀하시며 넌지시 개입을 요청하시는 어머니께 "여인이시여, 저에게 무엇을 바라십니까? 아직 저의 때가 오지 않았습니다"(요한 2,4)고 말씀하십니다.

요한 복음서 전반부에서는 아직 때가 되지 않았다고 되풀이하여 말합니다(7,30; 8,20). 표징의 책을 마무리하는 요한 12장에 가서야 "사람의 아들이 영광스럽게 될 때"(23절)가 왔고 그분은 "바로 이때를 위하여"(27절) 오셨다고 말합니다.

결국 예수님의 때는 수난과 죽음과 부활의 때입니다. 아버지께서 정하신 그때가 되어야 예수님의 영광이 드러나고 이를 통하여 아버지의 영광이 드러납니다. "아버지, 때가 왔습니다. 아들이 아버지를 영광스럽게 하도록 아버지의 아들을 영광스럽게 해 주십시오"(요한 17,1). 그것이 바로 영광의 책에서(요한 13-21장) 이루어질 일입니다. "예수님께서는 그들 앞에서 그토록 많은 표징을 일으키셨지만, 그들은 그분을 믿지 않았다"(요한 12,37)는 구절을 다시 한번 떠올려 봅니다. 표징들이 예수님의 영광을 드러내는 것이었어도, 세상은 그분을 알아보지 못했고 그분의 백성은 그분을 맞아들이지 않았습니다(요한 1,10-11 참조).

표징과 믿음

하지만 믿는 이가 하나도 없었던 것은 아니었습니다. 1장에서도 "당신을 받아들이는 이들, 당신의 이름을 믿는 모든 이"(요한 1,12)가 나타났지요. 첫 번째 표징을 본 이들 가운데 어떤 이들에게는, 적어도 제자들에게는 믿음이 싹틉니다.

표징은 이렇게 믿는 이들과 믿지 않는 이들을 나누어 놓습니다. 마지막 표징인 라자로를 다시 살리시는 장면에서는 이 점이 매우 분명하게 드러납니다. 라자로를 살리신 사건은 한편으로 표징의 책에 나오는 마지막 표징이면서 다른 한편으로는 예수님의 부활을 예고하는 사건입니다. 이 장에서 예수님께서는 "나는 부활이요 생명"(요한 11,25)이라고 선언하시며, 라자로를 살리는 표징을 통하여 이를 확인해 주십니다. 이때 마르타는 그분이 "이 세상에 오시기로 되어 있는 메시아시며 하느님의 아드님이심을"(요한 11,27) 믿었고, 그 믿음으로 인하여 죽은 다음이 아니라 지금 영원한 생명을 누립니다. "살아서 나를 믿는 모든 사람은 영원히 죽지 않을 것이다"(요한 11,26). 그런데 다른 한편으로는, 바로 이 사건을 계기로 유다인들의 최고 의회는 예수님을 죽이기로 결정합니다(요한 11,45-57). 사람들이 모두 예수님을 따라가고 로마인들이 와서 성전을 짓밟을 것을 우려했기 때문입니다. 그래서 예수님은 드러내 놓고 다니지 못하게 되십니다. 죽음이 다가오고 있는 것입니다.

이렇게 표징은 모든 이에게 환한 증거를 보여 주는 것이 아니라 빛과 어둠을 갈라놓는 역할을 합니다. 믿음으로 표징을 받아들이는 이들이 있고, 믿지 못하고 받아들이지 못하는 이들이 있기 때문입니다. 모두 1장에서 예고된 내용입니다. 과연 우리가 예수님의 표징들 앞에서 선택하는 길은 어떤 것인가요? 첫 번째 표징을 보았던 제자들처럼 우리도 '예수님께서 메시아시며 하느님의 아드님이심을 믿고, 또 그렇게 믿어서 그분의 이름으로 생명을 얻게'(요한 20,31) 되기를 바랍니다.

요한 13-21장: 영광의 책

"사람의 아들이 영광스럽게 될 때가 왔다"(요한 12,23)

잠시 앞부분으로 돌아가 사마리아 여인과 예수님의 대화를 떠올려 봅니다. 예수님께서 여인에게 말씀하십니다. "네가 하느님의 선물을 알고 또 '나에게 마실 물을 좀 다오' 하고 너에게 말하는 이가 누구인지 알았더라면, 오히려 네가 그에게 청하고 그는 너에게 생수를 주었을 것이다"(요한 4,10). 여인은 이상히 여기며, 두레박도 없이 어떻게 물을 주겠다는 것인지를 되묻습니다. 예수님과 사마리아 여인은 둘 다 '물'에 대해 이야기하고 있지만, 예수님께서 말씀하시는 '물'과 사마리아 여인이 생각하는 '물'이 서로 다릅니다. 요한 복음서에서는 이와 같은 형태의 대화가 여러 곳에서 나타납니다. 같은 단어가 서로 다른 차원에서 사용되는 것입니다. 영광의 책에서도 이와 유사한 모습을 볼 수 있습니다.

영광의 때

표징의 책 끝부분에서 예수님은 이제 당신께서 "영광스럽게 될 때"(요한 12,23)가 왔다고 말씀하십니다. "나는 땅에서 들어 올려지면 모든 사람을 나에게 이끌어 들일 것이다"(요한 12,32). 들어 올려진다는 말은 무슨 뜻일까요? 복음서 저자는 곧이어, 예수님께서 이 말씀으로 "당신께서 어떻게 죽임을 당하실 것인지 가리키신 것"(요한 12,33)이라고 설명합니다. 예수님은 십자가에 매달려 돌아가셨으니, 물리적으로 땅으로부터 들어 올려지신 것입니다.

그런데 예수님께서 십자가 죽음을 "땅에서 들어 올려지면"이라고 하신 말씀은 물리적 차원을 넘어서는 것입니다. 그 순간이 바로 당신께서 영광스럽게 현양되실 때이기 때문입니다. 요한 복음서에서는, 예수님께서 수난과 죽음을 통해 한없이 낮아지셨다가 부활로써 비로소 영광스럽게 되셨다고 말하지 않습니다. 십자가에 달리시는 바로 그 순간이 영광스럽게 되시는 순간이고 높이 들어 올려져 모든 사람을 당신께 이끌어 들이시는 순간입니다. 그래서 부활 장면만이 아니라 수난의 때를 향해 가는 13-21장 전체가 영광의 책이 됩니다.

이렇게 예수님의 십자가 죽음이 영광이고 현양인 것은, 수난과 죽음을 통하여 그분이 세상의 구원자시라는 사실이 온전히 드러나고 또한 그 수난과 죽음을 통하여 인간에게 구원이 주어지기 때문입니다. 표징을 보고서도 믿지 않은 이들이 많았습니다(요한 12,37). 이제 영광의 책에서는, 예수님께서 하느님의 아드님이심을 믿는 이들이 그분의 영광을 보게 될 것입니다.

고별 담화

예수님의 고별 담화라고 일컬어지는 요한 13-17장은 매우 아름답습니다. 이 본문을 자세히 설명하지는 않겠습니다. 그저 시간을 들여 천천히 음미하시면 좋겠습니다. 13장에서는 예수님께서 제자들의 발을 씻겨 주시며 "내가 너희를 사랑한 것처럼 너희도 서로 사랑하여라"(요한 13,34)는 새 계명을 주십니다. 14장에서는 제자들에게 성령을 약속하시고 평화를 주시며, 15장에서는 참포도나무이신 당신 안에 머물러 있으라고 말씀하십니다. 16장에서는 다시 성령을 약속하시며 "너희는 세상에서 고난을 겪을 것이다. 그러나 용기를 내어라. 내가 세상을 이겼다"(요한 16,33)는 말씀을 남기십니다.

17장은 수난을 앞두신 예수님의 기도입니다. 예수님 자신을 위하여(5절), 제자들을 위하여(6-19절), 그리고 믿는 모든 이를 위하여(20-26절) 기도하시는데, "하나가 되게 해 주십시오"(11.21절)라는 구절이 반복됩니다. 아버지와 당신이 하나이듯이 제자들이, 믿는 이들이 하느님 안에서 하나가 되기를 기원하시는 것입니다.

유다인의 임금

수난 부분에서는 한 가지만 생각해 보겠습니다. 빌라도가 예수님께 "당신이 유다인들의 임금이오?"(요한 18,33)라고 묻습니다. 여러분은 어떻게 생각하십니까? 우리는 예수님께서 유다인들의 임금이심을 믿습니다. 이제 이를 전제로 하고 수난기를 읽어 봅시다.

빌라도의 질문에 예수님은 긍정도 부정도 하지 않으시고, "내 나라는 이 세상에 속하지 않는다"(요한 18,36)고 말씀하십니다. 어떻습니까, 예수님은 임금이십니까? 네, 그렇습니다. 하지만 빌라도가 처음에 생각했던 그런 의미의 임금은 아닙니다. 빌라도는 예수님이 스스로 유다인들의 임금이라고 주장한다면 그것은 황제를 거스르는 것이라고 생각합니다. 하지만 예수님의 나라는 로마 제국과 대결하는 나라가 아닙니다. 헤로데가 유다인의 임금이 태어났다는 말을 듣고 아기들을 죽인 것이 무모한 짓이었듯이(마태 2,16-18), 빌라도의 질문과 예수님의 대답도 서로 다른 차원에 머물러 있습니다.

이어서 군사들은 예수님께 가시나무로 관을 엮어 씌우고 자주색 옷을 입히고 "유다인들의 임금님 만세!"라고 외칩니다(요한 19,2-3). 그들은 예수님이 유다인의 임금이라고 생각하지 않습니다. 그러나 머리에 씌운 관과 자주색 옷은 임금의 표지입니다. 그리고 그들이 외친 "유다인들의 임금님 만세!"라는 말은, 믿음으로 예수님을 하느님의 아드님으로 받아들인 우리에게는 진실한 말이 됩니다.

결정적인 것은 예수님의 명패입니다. 유다인들은 빌라도에게 "유다인들의 임금"이 아니라 "'나는 유다인들의 임금이다' 하고 저자가 말하였다"(요한 19,21)고 써야 한다고 주장합니다. 그런데도 빌라도는 굳이 "내가 한번 썼으면 그만이오"(요한 19,22)라고 말합니다. 다시 한번, 빌라도는 예수님을 유다인들의 임금으로 여기지 않습니다. 그러나 그 명패와 빌라도의 말은, 적어도 요한 복음서 독자인 우리에게는, 예수님께서 유다인의 임금이시라고 명백하게 선언합니다.

믿음이 있다면, 군인들의 조롱과 십자가의 명패를 통하여 복음서 저자가 예수님께서 유다인의 임금이심을 선언하고 있다는 것을 알아볼 수 있습니다. 믿음이 있다면, 십자가에 높이 달리신 분이 하느님의 영광 안에 현양되신 분임을 알아볼 수 있습니다.

"우리는 그분의 영광을 보았다. 은총과 진리가 충만하신 아버지의 외아드님으로서 지니신 영광을 보았다"(요한 1,14).

III
사도행전

길 안내

예수님께서 부활하시고 승천하신 다음, 그때부터 지금까지 계속 이어져 온 교회의 이야기가 이제 시작됩니다. 우리의 종주 여정에서 승천은 종착점이 아니라 새로운 출발점입니다. 사도행전 다음에 이어질 서간들이 교회의 삶 안에서 생겨난 것이라면, 사도행전은 그 모든 것이 비롯되는 중요한 시점이라고 하겠습니다.

사도 1장: 사도행전의 여정

"예루살렘과 온 유다와 사마리아, 그리고 땅끝에 이르기까지"(사도 1,8)

앞서 루카 복음서를 설명할 때 말한 대로, 사도행전은 저자가 테오필로스에게 헌정한 두 권의 책 가운데 둘째 부분입니다. 첫째 부분은 예수님의 승천으로 끝났습니다. 사도행전은 다시 예수님의 승천으로 시작합니다. 예수님께서 하늘로 올라가시는 것을 바라보던 제자들에게 흰 옷을 입은 두 사람이 나타나, "갈릴래아 사람들아, 왜 하늘을 쳐다보며 서 있느냐? 너희를 떠나 승천하신 저 예수님께서는, 너희가 보는 앞에서 하늘로 올라가신 모습 그대로 다시 오실 것이다"(사도 1,11)라고 말합니다. 그저 하늘만 쳐다보고 있어서는 안 됩니다. 이제 그 사도들이 움직여야 하는 시대가 도래했습니다. 그 시기에 대한 기록이 사도행전입니다.

예루살렘, 유다, 사마리아

사도행전의 구조는 아주 간단하게 나누어 볼 수 있습니다. 첫 장면에서 예수님께서 제자들에게 "성령께서 너희에게 내리시면 너희는 힘을 받아, 예루살렘과 온 유다와 사마리아, 그리고 땅끝에 이르기까지 나의 증인이 될 것이다"(사도 1,8)라고 말씀하시기 때문입니다.

이 구절은 적어도 사도행전이 끝날 때까지는 기억해 두시기 바랍니다. 우리는 계속 이 말씀을 출발점으로 사도행전을 읽을 것이기 때문입니다. 주말 연속극을 하는데 첫 회에서 "예루살렘과 온 유다와 사마리아, 그리고 땅끝에 이르기까지"라는 대사가 나왔다고 상상해 보십시오. 예루살렘에 있던 주인공이 사마리아에 갈 때 우리는 줄거리가 다음 단계로 넘어간다는 것을 알아차릴 것이고, 주인공이 땅끝에 가까이 갈수록 이제 그 연속극도 끝날 때가 되었다는 것을 알 것입니다. 사도행전의 여정이 바로 그와 같습니다.

루카 복음서의 마지막 부분에서(24,50-53) 예수님께서 승천하신 후 제자들은 기뻐하며 예루살렘으로 돌아갔습니다. 사도행전은 바로 그 예루살렘에서 시작됩니다. 예루살렘에서 성령이 사도들에게 내립니다(사도 2장). 성령을 받은 사도들은 예수님을 증언하기 시작하는데, 처음에는 예루살렘을 중심으로 활동이 전개됩니다. 그러나 스테파노가 순교하고(사도 7,54-60) 교회가 박해를 받게 되자, 사도들 말고는 모두 유다와 사마리아 지방으로 흩어지게 됩니다(사도 8,1-3).

그런데 박해로 신자들이 흩어진 것이 오히려 선교의 계기가 됩니다. "흩어진 사람들은 이곳저곳 돌아다니며 말씀을 전하였다"(사도

8,4). 이것은 사도행전에서만이 아니라 이후의 교회 역사에서도 여러 차례 반복되는 일입니다. 박해자들이 교회를 뿌리 뽑으려고 할 때, 흩어진 신자들은 오히려 신앙을 전파합니다. 사도 8장에는 필리포스가 사마리아에서 복음을 전한 이야기가 전해지고, 이어서 11장까지 사도들은 예수님께서 말씀하신 대로(사도 1,8) 사마리아와 유다 지방, 그리고 페니키아, 키프로스, 시리아 등 여러 곳으로 갑니다.

그리고 땅끝까지

사도 13-28장에서는 바오로 사도에 대하여 많은 이야기를 합니다. 하지만 사도행전의 줄거리를 파악하기 위해서는, 전반부에서 다른 사도들의 활동을 전하고 후반부에서는 바오로 사도의 활동을 전한다고 이해하는 것보다는 "예루살렘, 사마리아, 땅끝"이라는 사도 1,8의 표현을 기억하는 편이 더 낫습니다. 그리고 그것이 저자의 의도에도 맞습니다. 이 부분에서 몇 차례에 걸친 바오로 사도의 선교 여행을 보여 주는 것은, 그것이 복음이 땅끝까지 전해지는 과정이었기 때문입니다. 그러한 과정을 거쳐, 소아시아와 그리스에서 시작하여 로마에까지 복음이 전해집니다.

그 시대 사람들에게 로마는 세상의 중심이었고, 예루살렘에서 시작한 사도들의 입장에서 보면 로마는 '땅끝'이기도 했습니다. 온 세상 사람들이 모이는 곳인 로마에까지 예수님의 복음이 전해진다면, 복음은 세상 모든 이에게 전해질 수 있기 때문입니다.

주목할 부분이 있습니다. 사도행전의 마지막 장면이, 바오로 사도가 로마에 도착하여 집에서 사람들을 맞아들이며 "아무 방해도 받지 않고 아주 담대히 하느님의 나라를 선포하며 주 예수 그리스도에 관하여 가르쳤다"(사도 28,31)는 말씀으로 끝난다는 점입니다. 사도행전은 바오로 사도의 순교를 기록하지 않습니다. 어떤 이들은 이러한 결말을 보고, 사도행전이 바오로 사도가 순교하기 전에 작성되었다고 추측하기도 합니다. 하지만 그것이 핵심은 아닌 듯합니다. 중요한 것은 사도행전이 바오로라는 개인의 전기가 아니라는 점입니다. 구약에서 비슷한 예를 보았지요. 예레미야서는 예레미야의 삶에 대해 상세히 전하는 편이지만, 예레미야의 죽음으로 끝나지 않고 예루살렘의 멸망으로 끝납니다. 예루살렘의 멸망이 예레미야가 선포한 말씀이 실현되는 순간이었기 때문입니다. 사도행전 역시 같은 방식으로 이해할 수 있습니다. 바오로 사도가 로마에 도착함으로써, 비록 그가 수인의 신분으로 로마에 잡혀 온 것이었다 하더라도, 어쨌든 복음은 땅끝에 도달합니다. 이것으로 사도행전은 완성됩니다. "예루살렘과 온 유다와 사마리아, 그리고 땅끝에 이르기까지" 주님의 말씀이 전파되었기 때문입니다.

말씀의 전파

루카 복음서의 첫머리에서 저자는 그때까지 예수님의 행적을 기록했던 이들을 지칭하여 "말씀의 종"(루카 1,2)이라는 표현을 사용합니다. '사도행전'이라는 제목은 이 책이 사도들에게 초점을 맞춘다는 인상을 주지만, 실제로 이 책이 보여 주는 것은 말씀이 지닌 생명력입니다. 그 말씀은 온갖 어려움 속에서도 힘차게 퍼져 나갑니다. 말씀을 전파하는 모든 이는, 성령의 능력으로 "말씀의 종"이 되어 그 말씀을 섬깁니다.

사도들의 전승을 편집한 책: '사도행전'이라는 제목을 보면 이 책이 일어난 일들을 마치 일지를 쓰듯 순서대로 기록한 것이라고 생각할 수 있지만, 꼭 그렇지는 않습니다. 루카 복음서 서문에서 말하는 바와 같이, 저자는 다른 사람들이 기록한 전승이나 구두로 전해지던 이야기들을 자료로 사용하여 복음이 전파되는 과정을 기술합니다. 사도들의 설교는 그 자리에서 바로 기록한 것이라기보다 전승들을 토대로 편집한 것이며, 바오로 사도의 행적도 바오로 자신이 말하는 바와 일치하지 않는 경우가 있습니다. 저자는 구원의 기쁜 소식이 전파되는 과정에서 성령의 이끄심을 알아보며, 사도행전이라는 책을 통해 그것을 표현해 냅니다.

사도 2장: 성령 강림

"성령께서 너희에게 내리시면"(사도 1,8)

다시 사도 1,8로 돌아갑니다. 예수님께서 승천하시면서 제자들에게 남기신 말씀은 제자들이 어떤 일을 해야 한다는 말로 시작하지 않습니다. 제자들이 땅끝까지 예수님의 증인이 되는 것은 '성령의 힘을 받아' 이루어지는 일이기 때문입니다.

오순절

사도 2장은 빨리 읽을 수 없습니다. 저자가 많은 부분에서 성령 강림을 구약과 연결시키고 있기 때문입니다. 그 연결 고리들을 찾아내면, 성령 강림이라는 사건이 지닌 의미를 더 깊이 알아볼 수 있습니다.

그 첫 고리가 오순절입니다. '오순절五旬節'이라는 단어는 구약성경에서는 그리스어로 되어 있는 토빗 2,1과 2마카 12,32에 나오는데, 파스카 축제로부터 일곱 주간이 지난 다음 오십 일째에 지내던 축일입니다. 히브리어 성경에서는 '주간절'이라고도 하는데, 본래 이날은 추수를 감사하는 날이었습니다. 민수 28,26에서는 "맏물의 날, 곧 햇곡식을 주님에게 제물로 바치는 주간절"이라는 표현을 사용합니다. 나중에는 이 축일에 이스라엘이 시나이에서 율법을 받고 하느님의 백성이 된 것을 기념했습니다.

실제로 사도 2장에서 성령이 내려오실 때의 모습은 시나이산에서 이스라엘이 하느님과 계약을 맺는 장면을 연상시킵니다. 예를 들어 거센 바람이 부는 소리와 불꽃은 탈출 19장에서 주님께서 시나이산에 내려오실 때에 우렛소리가 들리고 주님께서 불 속에서 나타나셨다는 것과 연결됩니다.

이렇게 해서 성령 강림은 시나이산에서 당신 백성에게 나타나시어 계약을 맺으신 그 하느님께서 다시 백성 가운데 현존하시며 새로운 하느님 백성이 태어나게 하시는 순간으로 묘사됩니다. 이스라엘이 모든 민족 가운데에서 하느님의 소유가 되고 사제들의 나라가 되며 거룩한 민족이 되었듯이(탈출 19,5-6) 이제 새로운 하느님의 백성도 온전히 하느님께 속하여 온 세상에 복음을 전파하게 될 것입니다.

한편 "세계 모든 나라에서 온"(사도 2,5) 이들이 저마다 자기 지방 말로 사도들의 설교를 알아들을 수 있었다는 말은 바벨탑으로 인한 분열이 극복되었다는 것을 의미합니다. 창세 11,1-9에서, 인간의 교만이 하늘까지 이르렀을 때에 하느님께서는 인류가 멸망에 이르는 길로 치닫지 않도록 사람들의 말을 뒤섞으시고 서로 말을 알아듣지 못하게 하셨습니다. 그러나 이제는 성령께서 그 분열의 벽을 허물어뜨리십니다. 인간들이 같은 말을 사용하여 다시 하늘까지 닿는 탑을 세우고 이름을 날리게 하기 위해서가 아니라, 복음을 통하여 모든 이를 하나로 일치시키기 위해서 그렇게 하십니다.

베드로의 설교

이제 사도들은 "모두 성령으로 가득 차, 성령께서 표현의 능력을 주시는 대로"(사도 2,4) 말을 하게 됩니다. 이에 따라 사도행전에서는 많은 설교가 소개되는데, 그중 첫 번째가 베드로의 오순절 설교입니다(사도 2,14-36). 여기서도 구약성경을 인용합니다.

> **다양한 설교의 동일한 핵심:** 구약성경을 알아듣는 사람들은 누구일까요? 네, 주로 유다인들입니다. 사도행전에 나오는 설교는 청중에 따라 적절한 논거를 사용합니다. 유다인들을 위한 설교에서는 구약성경을 인용하고, 그리스인들에게는 철학적 주제를 설명하며, 아테네에서 행한 설교에서는 그리스 시인의 말을 인용합니다. 하지만 이렇게 여러 방법을 사용하면서도 핵심은 언제나 동일합니다. 그것은 예수 그리스도의 죽음과 부활입니다.

첫 설교에서 베드로 사도는 먼저 요엘서를 인용하면서 지금 일어나고 있는 일들이 구약 예언의 성취임을 보여 주고, 이어서 예수님의 활동 특히 죽음과 부활을 선포하며, 마지막에는 다시 시편을 인용하여 부활을 확증합니다. 베드로는 지금 주로 예루살렘에 모인 유다인들을 대상으로 설교하고 있기에, 예수님께서 주님이시며 메시아이심을 밝히는 데에서 구약을 논거로 삼습니다.

사도 2,18-21에서는 요엘 3,1-5 말씀을 인용합니다. 요엘서는 무서운 심판의 날을 예고하지만, 심판은 끝이 아니며 하느님께서 모든 사람에게 당신 영을 부어 주실 때에 구원의 날이 도래하리라고 선포합니다. 임금이나 예언자, 판관 같은 특별한 사람만이 아닌 젊은이와 노인, 남종과 여종 모두에게 주님의 영이 내린다는 것은 하느님의 구원 약속이 성취됨을 뜻하고, 베드로는 성령의 강림으로 바로 그 '마지막 날'이 이미 왔다고 선언합니다.

결정적인 순간은 예수님의 죽음과 부활을 통하여 이루어졌습니다. 예수님은 하느님의 계획과 예지에 따라 사람들에게 넘겨지셨고, 하느님께서 그분을 다시 살리셨습니다. 이 순간이 말하자면 완성의 순간이고 정점입니다. 예수님의 부활을 선포하기 위해서도 베드로는 구약성경의 시편 16,8-11을 인용합니다. 하느님께서 "당신의 거룩한 이에게 죽음의 나라를 아니 보게 하실 것"(사도 2,27; 시편 16,10: "당신께 충실한 이는 구렁을 아니 보게 하십니다")이라는 시편 말씀은 시편 저자에게서 – 전통적으로 다윗을 시편의 저자로 여겼습니다 – 완전히 실현되지 않았습니다. 다윗이 죽어 묻혔기 때문입니다. 그러니 이 말씀은 장차 올 메시아에 대한 예언으로 이해해야 합니다. 그 예언은 예수 그리스도의 부활로 완성되었다는 것입니다.

베드로가 선포하고자 하는 내용의 핵심은 설교 마지막 부분에서 다시 강조됩니다. "하느님께서는 여러분이 십자가에 못 박은 이 예수님을 주님과 메시아로 삼으셨습니다"(사도 2,36). 신약성경을 읽을 때 항상 염두에 두어야 할 질문이 '하느님은 어떤 분이신가?' 또는 '예수님은 누구이신가?'라고 했습니다. 베드로의 이 설교에서, 하느님은 예수님을 죽음에서 일으키시어 시편 16편에서 말씀하신 약속을 이루시는 분이십니다. 예수님의 죽음과 부활은 그분께서 "주님과 메시아"이심을 드러냅니다. 구약의 모든 예언들이 이제는 예수님 안에서 성취됩니다. 그리고 이제 요엘 예언자가 마지막 날의 표지로 예고했던 성령께서 제자들에게 내려오심으로써, 지금이 바로 완성의 때임을 밝혀 줍니다.

사도 2-12장: 예루살렘, 유다, 사마리아

"신자들의 공동체는 한마음 한뜻이 되어"(사도 4,32)

"예루살렘과 온 유다와 사마리아." 이미 익숙한 구절입니다. 사도 1,8에서, 성령을 받은 사도들이 땅끝까지 가기 전에 먼저 거쳐 갈 곳입니다. 사도들은 사도 1장에서부터 예루살렘에 있었고, 계속 예루살렘을 중심으로 활동하다 8장에서 사마리아까지 이르게 됩니다.

신자 공동체의 삶

선교 활동보다 먼저 살펴볼 것은 첫 신자 공동체의 삶입니다. 사도행전은 2,42-47과 4,32-37에서 그들의 생활 모습을 요약합니다.

먼저 사도 2,42에서는 신자 공동체의 특징 네 가지를 열거합니다. "그들은 사도들의 가르침을 받고 친교를 이루며 빵을 떼어 나누고 기도하는 일에 전념하였다." 그 가운데 첫 번째인 사도들의 가르침은, 그리스도를 모르는 이들을 대상으로 하는 복음 선포가 아니라 이미 신자가 된 이들을 위한 가르침을 뜻합니다. 쉽게 말해, 예비자 교리가 아니라 강론이라고 할 수 있을까요? 아직 복음서가 완성되지 않았고, 예수님의 목격 증인인 사도들이 살아 있던 시기였습니다. 예루살렘 신자들이 청중이라면, 2장에 나온 베드로의 설교처럼 예수님의 죽음과 부활에 비추어 구약성경을 읽는 경우가 많았을 것입니다.

두 번째는 친교입니다. 친교는 신자들이 한마음으로 기쁘게 살아간 것을 말하는데, 사도 2,44-45과 4,32-35을 보면 재산 공유가 신자들의 친교에서 매우 중요한 요소였음을 알 수 있습니다. 신자들이 모든 것을 공동으로 소유하였다고 하지만, 신자들의 공동체에 사유재산이 전혀 없었던 것은 아닙니다. 사도행전의 다른 부분에서는 신자들이 자신이 가진 것으로 어려운 이들을 돕는 이야기가 나옵니다. 하지만 사유재산이 있었다 하더라도, 가진 것을 나누었다는 사실은 '나의 삶'과 '너의 삶' 사이에 장벽을 허무는 실제적인 친교를 보여 줍니다. 신자들 사이의 이러한 친교는 사회적이고 경제적인 차원에 그치지 않고, 그들이 신앙 안에서 하나임을 드러냅니다.

세 번째는 빵을 떼어 나누는 일, 곧 성찬례입니다. 이 시기에는 아직 전례를 위한 공간이 따로 마련되어 있지 않았기에, 신자들은 이 집 저 집에 모여 성찬례를 거행했습니다. 후에 코린토 1서를 읽을 때에 보겠지만, 공동체가 함께하는 성찬례는 일치의 표지여야 합니다. 그렇지 못할 때에 바오로 사도는 "여러분이 한데 모여서 먹는 것은 주님의 만찬이 아닙니다"(1코린 11,20)라고 말할 것입니다. 그리고 성찬을 거행한 다음에는 대개 신자들이 함께 식사를 했습니다.

네 번째는 함께하는 기도입니다. 기도는 루카 복음서도 강조하는 주제인데(루카 11,1: "저희에게도 기도하는 것을 가르쳐 주십시오"), 사도행전에서는 특히 신자들이 한데 모여 함께 드리는 기도를 중시합니다. 사도 1장에서 예수님이 승천하신 다음의 첫 장면도 사도들이 성모님과 함께 예루살렘에서 "한마음으로 기도에 전념"(사도 1,14)하는 것이었고, 특히 교회 안에 어려운 일이 있을 때마다 신자들이 모여 기도했다고 사도행전은 전해 줍니다.

"즐겁고 순박한 마음으로"(사도 2,46) 살아가는 이러한 공동체의 모습은 그 자체로 선교적입니다. 첫 신자 공동체는 온 백성에게서 호감을 얻었고 "구원받을 이들"(사도 2,47)이 늘어나게 됩니다. 반대로 생각해 봅시다. 신자들의 공동체가 나쁜 표양을 보이고 그래서 신자들이 떨어져 나간다면, 이는 우리의 부족함 때문에 "구원받을 이들"이 줄어드는 것을 뜻합니다. 사도들의 복음 전파를 보면서 경탄하기 전에, 먼저 오늘날 교회 공동체는 얼마나 우리의 삶을 통해 복음을 전파하고 있는지 돌아보아야 하겠습니다.

예루살렘의 박해

하지만 예루살렘 교회의 삶이 평탄하게만 이어지지는 않습니다. 유다 지도자들, 사제들과 사두가이들은 부활을 선포하는 것을 언짢아하며 사도들을 박해하기 시작합니다. 바리사이와 달리 사두가이는 죽은 이들의 부활을 믿지 않았지요. 그리하여 베드로와 요한은 잡혀가 최고 의회에서 증언하게 되고(사도 4,1-22), 사도들이 감옥에 갇혔다가 천사의 도움으로 풀려나기도 합니다. 최고 의회에서는 사도들을 죽이려고도 하지만 바리사이인 가말리엘의 개입으로 죽음은 면합니다(사도 5,17-42).

가장 먼저 순교하게 된 이는 일곱 봉사자 가운데 하나로 뽑혔던 스테파노입니다. 그는 성전과 율법을 거스른다는 고발을 당하고, 최고 의회에서 설교하며 이스라엘 역사를 회고합니다. 여기서도 사도행전은 상당히 긴 설교를 소개합니다. 스테파노는 이스라엘이 모세에게 순종하지 않았고 예언자들을 박해했으며, 그 예언자들이 오시리라고 예고했던 분을 죽였다고 선언합니다. 스테파노의 말에 분노한 이들은 그에게 돌을 던집니다.

여기서 사도 8,1을 천천히 잘 읽어 봅시다. "사울은 스테파노를 죽이는 일에 찬동하고 있었다. 그날부터 예루살렘 교회는 큰 박해를 받기 시작하였다." 스테파노를 죽인 사람들이 겉옷을 벗어 사울 곁에 두었다는 것이 무슨 의미가 있다고 굳이 그 말을 기록했을까요?(사도 7,58) 문득 엘리사가 엘리야에게서 떨어진 겉옷을 집어 들었다는 구절이 생각납니다(2열왕 2,13). 엘리사가 제자로서 스승 엘리야의 겉옷을 집어 들었듯이, 사울은 스테파노를 죽이는 일에 찬동하지만 결국은 스테파노의 뒤를 이어 복음을 전파하는 사도가 됩니다. 그리고 예루살렘 교회는 큰 박해를 받게 되지만, 앞서 말했던 것처럼 이 박해는 복음이 더 넓은 지역으로 전파되는 계기가 됩니다. "밀알 하나가 땅에 떨어져 죽지 않으면 한 알 그대로 남고, 죽으면 많은 열매를 맺는 다"(요한 12,24). 박해 속에서 순교한 스테파노와 흩어진 예루살렘 공동체는 죽어서 더 많은 열매를 맺는 씨앗이 되었습니다.

4

사울 – 바오로

"내가 선택한 그릇"(사도 9,15)

여기에서 바오로 사도가 살았던 시대 배경과 연대표를 언급하지 않을 수는 없을까, 이리저리 고민을 했습니다. 사도행전에서 바오로 사도 개인에게 초점을 맞추고 싶지 않기 때문입니다. 바오로 서간을 시작할 때까지만이라도 그 설명을 미루어 두고 싶었습니다. 하지만 사도행전에서는 이미 바오로 사도의 회심(9장)과 선교 여행(13장 이후)을 이야기하고 있기 때문에, '어쩔 수 없이' 바오로 사도를 둘러싼 문화적 배경과 대략의 연대표를 이 장에서 다루겠습니다.

먼저, 주의 사항이 하나 있습니다. 사도행전도 바오로 서간들도, 바오로 사도의 생애에 대해 체계적으로 기록하지 않습니다. 서간에서는 바오로 사도가 다른 이야기들을 하는 중간에 자기 삶에 대해 언급하고, 사도행전은 그보다는 질서가 있어 보이지만 저자의 의도에 따라 편집된 부분이 있습니다. 바오로 친서의 내용과 사도행전의 진술이 일치하지 않을 때에는 바오로 친서를 우선해야 합니다.

타르수스의 바오로

사도 21,39에 따르면 바오로 사도는 킬리키아의 타르수스에서 태어났습니다. 언제 태어났는지 명확하지는 않지만 대략 기원후 5-10년경으로 봅니다.

유다인이면서 타르수스에서 태어난 바오로는 출생 배경에서부터 이미 여러 문화의 영향을 받을 수밖에 없었습니다. 당시 많은 디아스포라 유다인들이 그랬듯이 바오로도 '사울'과 '바오로'라는 두 개의 이름을 가지고 있었는데, 이 두 이름은 그의 문화적 배경을 드러냅니다. '사울'은 셈어적인 이름이고(사울 임금을 생각하면 쉽게 이해할 수 있습니다), '바오로'는 그리스-로마적인 이름이기 때문입니다.

바오로 사도가 태어난 타르수스는 지중해 북동쪽에 자리한 킬리키아의 수도로서 헬레니즘 문화의 중심지들 가운데 하나였습니다. 실제로 바오로 사도뿐만 아니라 신약성경 전체가 일반적으로 헬레니즘 문화의 영향을 받았습니다. 신약성경의 모든 책이 그리스어로 기록되었다는 사실이 그 첫 증거이고, 바오로 사도 역시 유다인이었지만 성경에 포함된 그의 모든 편지는 그리스어로 되어 있습니다. 그는 그리스어를 충분히 잘 알았을 뿐만 아니라 그리스의 수사학도 알고 있었고, 구약성경을 인용할 때에도 주로 그리스어 번역본인 70인역을 따릅니다. 또한, 타르수스가 로마의 자유 도시로서 온전한 권리를 갖고 있었기 때문에 바오로는 태어났을 때부터 로마 시민권을 가지고 있었습니다. 이 때문에 그는 재판을 받을 때에도 자신의 권리를 사용하여 황제에게 상소할 수 있었고(사도 25,1-12), 결국 이를 계기로 사도행전 마지막에 이르면 로마로 향하게 됩니다.

유다인 바오로

다른 한편으로 바오로는 열렬한 유다교 신봉자였습니다. 사도 22,3에서 바오로는 "나는 유다 사람입니다. 킬리키아의 타르수스에서 태어났지만 이 도성 예루살렘에서 자랐고, 가말리엘 문하에서 조상 전래의 엄격한 율법에 따라 교육을 받았습니다"라고 말합니다.

엄밀히 말한다면 이것은 바오로 사도의 말이 아니라 사도행전 저자의 말이고, 역사적 사실에는 부합하지 않는 것으로 보입니다. 바오로는 자신이 직접 쓴 서간들에서 자신이 예루살렘에서 교육을 받았다고 말하지 않을뿐더러, 편지들을 아람어보다 그리스어로 썼다는 사실과 친서에 나타난 문화적 배경은 그가 그리스 문화 안에서 성장했음을 보여 주기 때문입니다. 그러나 종교적인 면에서 바오로는 분명 철저한 유다교 신자였고 열심한 바리사이였습니다(필리 3,5-6 참조). 그러나 바오로는 그리스도교 신자들을 박해하고 있던 중에 다마스쿠스로 가는 길에서 회심 사건을 겪고 완전히 변화됩니다(사도 9,1-19; 갈라 1,11-24 참조). 박해자이던 사람이 누구보다도 열성적인 그리스도교의 선교사가 된 것입니다.

이방인의 사도 바오로

회심 이후에 바오로는 아라비아로 갔다가 다시 다마스쿠스로 돌아오고, 3년 후에 베드로를 만나기 위해 예루살렘에 올라가서 그와 함께 보름을 지냅니다. 그 뒤에 그는 시리아와 킬리키아 지방으로 갔다가 14년 뒤에 다시 예루살렘으로 올라갑니다. 여기에서 말하는 "십사 년 뒤"(갈라 2,1)라는 것이 앞에 말한 3년을 포함하는 것으로 보는지 여부에 따라 연대표 구성에서 차이가 나는데, 전통적으로는 그 3년을 포함하는 것으로 봅니다. 이렇게 해서 구성되는 연대표는 대략 다음과 같습니다. 여기서 연대는 《주석 성경》 부록을 따랐으며, 서간들의 작성 연대는 정확하지 않은 경우가 많아 연대표에 넣지 않았습니다.

5-10년 사이	타르수스에서 바오로 탄생
36년 겨울-37년(?)	스테파노 순교, 곧이어 바오로의 회심
39년경	바오로가 예루살렘에서 베드로를 만남(갈라 1,18)
43년경	바오로와 바르나바가 안티오키아를 방문
45-49년 사이	바오로의 제1차 선교 여행(사도 13,1)
48-49년	예루살렘 사도 회의(사도 15,5 이하)
50-52년	바오로의 제2차 선교 여행(필리피, 테살로니카, 아테네, 코린토)
50년 겨울- 52년 여름	코린토 체류
52년 봄	갈리오 앞에 출두
53-58년	바오로의 제3차 선교 여행

54-57년	갈라티아와 프리기아를 거쳐 에페소에서 2년 3개월 체류
57년 겨울-58년	코린토 체류, 필리피 체류, 카이사리아 도착
58년	성전에서 체포되어 대사제 하나니아스와 최고 의회 앞에 출두
58-60년	카이사리아에서 미결수로 옥살이
60년	페스투스 앞에 출두하여 황제에게 상소 아그리파스 2세와 그의 누이 베르니케 앞에서 자기 변론
60년 가을	로마로 압송 중 바다에서 폭풍을 만나 몰타섬에서 겨울을 지냄
61-63년	로마에서 가택 연금 상태로 사도직 수행
64년?	로마에서 네로에 의해 순교

바오로 사도가 자신의 전기를 쓰지 않았고, 오히려 "이제는 내가 사는 것이 아니라 그리스도께서 내 안에 사시는 것입니다"(갈라 2,20)라고 말했다는 것을 기억합시다. 바오로에게 중요했던 것은 그 자신이 아니라 그가 선포한 복음이었습니다.

사도 13-28장: 바오로 사도의 선교 여행

"땅끝에 이르기까지"(사도 1,8)

사도행전이 끝나는 순간까지 잊지 말아야 할 구절, 사도 1,8입니다. "예루살렘과 온 유다와 사마리아, 그리고 땅끝에 이르기까지 나의 증인이 될 것이다." 세 차례에 걸친 바오로 사도의 선교 여행과 수인으로서 로마를 향해 갔던 마지막 여행을 통하여 복음은 땅끝까지 전해집니다.

바오로 사도의 여행

바오로 사도는 선교 여행을 세 차례 했습니다. 사도 13,1-15,35은 바르나바와 바오로의 제1차 선교 여행과 이 여행에서 제기된 이방인들의 할례 문제를 논의하기 위한 예루살렘 사도 회의에 대해 전해 줍니다. 이어서 사도 15,36-18,22은 제2차 선교 여행을 이야기하는데, 이번에는 바르나바가 함께 가지 않습니다. 사도 18,23-21,16은 제3차 선교 여행을, 마지막으로 사도 21,17-28,31은 바오로의 체포와 마지막 여행을 기록합니다. 매번 출발점은 안티오키아였고 여러 도시를 방문한 다음 다시 안티오키아로 돌아오는데, 그 여정들은 지도에서 찾아보시면 되겠습니다. 우리는 그 길을 되짚어 가지 않고, 몇몇 장소에서 있었던 일들만을 살펴보려 합니다.

어느 도시에 가든지 바오로는 비슷한 순서로 설교 활동을 했습니다. 먼저 안식일에 유다인들의 회당에 가서 복음을 전했습니다. 복음서에서 예수님도 먼저 "다른 민족들에게 가는 길로 가지 말고 … 이스라엘 집안의 길 잃은 양들에게 가라"(마태 10,5-6)고 말씀하시지요. 그들이 복음을 받아들이지 않았기에 "하느님께서는 너희에게서 하느님의 나라를 빼앗아, 그 소출을 내는 민족에게 주실 것이다"(마태 21,43)라고 말씀하십니다. 바오로 사도도 그러했습니다. 첫 번째 선교 여행 중에 바오로와 바르나바는 피시디아의 안티오키아 회당을 떠나면서 이렇게 말합니다. "우리는 하느님의 말씀을 먼저 여러분에게 전해야만 했습니다. 그러나 여러분이 그것을 배척하고 영원한 생명을 받기에 스스로 합당하지 못하다고 판단하니, 이제 우리는 다른 민족들에게 돌아섭니다"(사도 13,46).

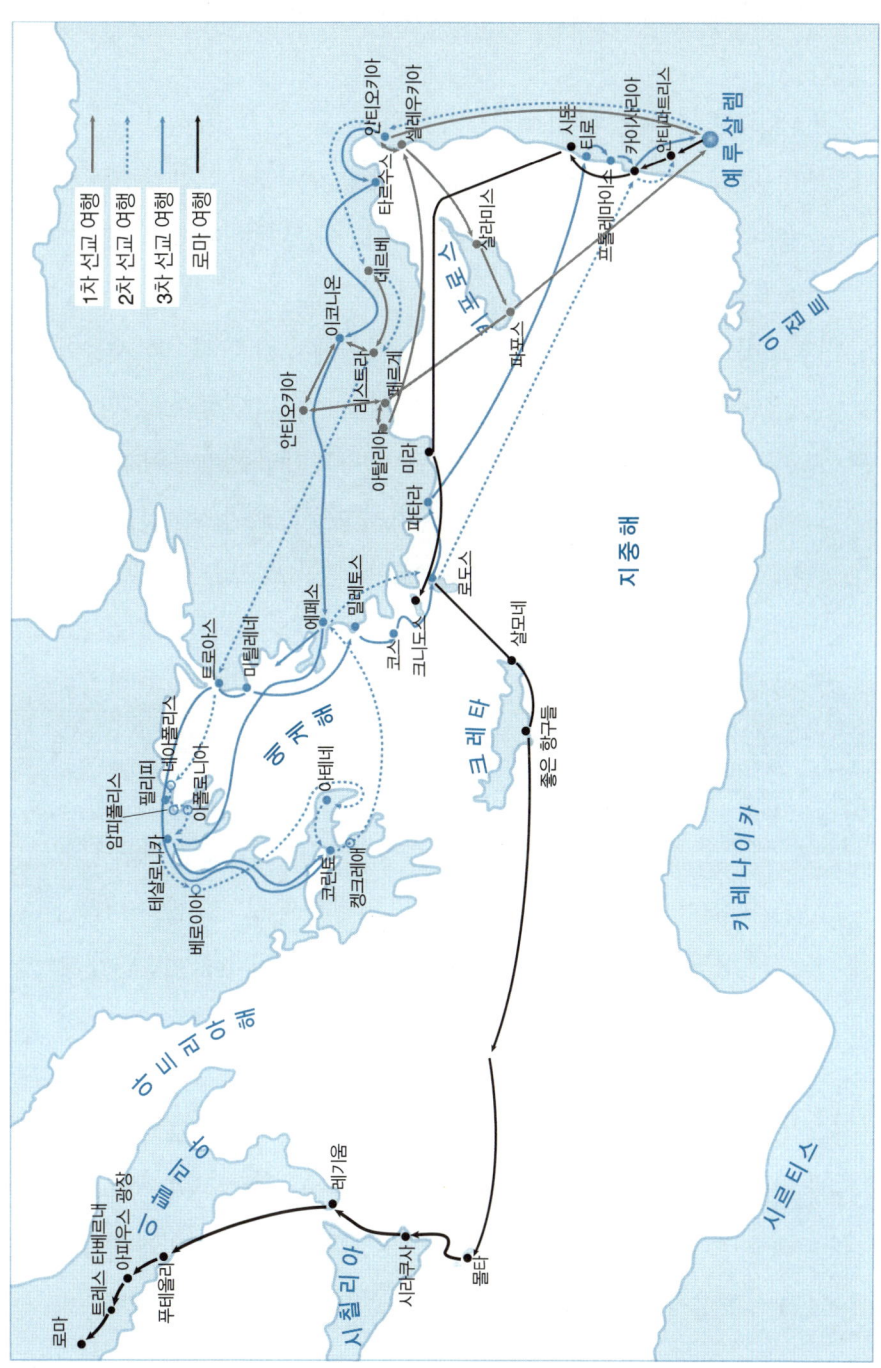

바오로 사도의 선교 여행과 로마 여정 《성서사십주간 성경지도》 지도 154-157

다른 민족들을 향하여

바오로나 다른 사도들이, 이방인들을 향해 가는 것이 쉬웠을까요? 그렇지 않습니다. 사도행전의 앞부분에서도 이 문제가 제기됩니다(사도 10,11-11,18).

어느 날 베드로가 환시를 봅니다. 하늘에서 각종 짐승과 새들이 들어 있는 그릇이 내려옵니다. 잡아먹으라는 소리가 들려오지만, 그는 속된 것이나 더러운 것은 먹을 수 없다고 대답합니다. 이때 하늘에서 다시 소리가 들립니다. "하느님께서 깨끗하게 만드신 것을 속되다고 하지 마라"(사도 10,15). 그다음에 이방인인 코르넬리우스가 베드로를 찾습니다. 베드로는 환시에 따라 이방인을 속되거나 더럽다고 여기지 않고, 이방인의 집에 들어가 복음을 전합니다. 이 이야기를 들은 이들은 "이제 하느님께서는 다른 민족들에게도 생명에 이르는 회개의 길을 열어 주셨다"고 말합니다(사도 11,18).

바오로 사도 역시 첫 번째 선교 여행에서부터 이와 같은 체험을 합니다. 유다인들은 복음을 받아들이지 않았지만, 오히려 많은 이방인이 복음을 받아들였습니다. 이때에 문제가 제기됩니다. 이방인이 그리스도교 신자가 되려면, 먼저 유다인들의 율법을 받아들인 다음에 그리스도교 신자로 세례를 받아들여야 하는 것일까요?

사도 15장에서 전하는 예루살렘 사도 회의는 이 문제를 논의합니다. 여기서 베드로는 코르넬리우스의 경우를 이야기하며, 하느님께서 이방인들에게 성령을 주셨으니 이방인과 유다인들 사이에 차별을 두지 않으시는 것이라고 말합니다. 결국 이 회의는 우상에게 바친 제물을 먹지 말라는 등 최소한의 규정만을 부과하기로 결정합니다(사도 15,29 참조).

모든 이를 위하여

바오로 사도는 코린토인들에게 보낸 편지에서(1코린 9,19-23), 자신이 유다인들을 얻으려고 유다인들에게는 유다인들처럼 되었고, 스스로는 자유인이면서도 율법 아래 있는 이들에게는 율법 아래 있는 사람처럼 되었고, 약한 이들에게는 약한 사람처럼 되었다고 말합니다. "나는 어떻게 해서든지 몇 사람이라도 구원하려고, 모든 이에게 모든 것이 되었습니다"(1코린 9,22).

설교에서도 마찬가지였습니다. 사도 2장에서 유다인들을 대상으로 설교할 때 베드로는, 구약성경을 근거로 예수님의 부활을 선포했습니다. 이제 아테네에 가서 아레오파고스에서 그리스인들을 대상으로 설교하는 바오로는(사도 17,22-31) 그리스인이 이해할 수 있는 논거들을 사용하며 그들이 알지 못하는 채로 섬기고 있던 분이 바로 자신이 선포하는 그 하느님이시라고 말합니다. 사도행전의 주인공은 끝까지 예수 그리스도의 복음입니다. "땅끝까지"(사도 1,8) 복음이 전해지고 사람들이 그 복음을 믿어 생명을 얻을 수 있다면, 다른 모든 것은 포기할 수 있습니다. 과거에 자신이 열심히 지켜 온 유다교의 계명들도 복음을 듣는 이들에게는 요구하지 않습니다. 그렇다고 유다인들에게 율법을 무시하라고 하지도 않습니다(할례를 받지 않아도 된다는 것은 이방인으로서 그리스도인이 되는 이들에게 적용되는 규정입니다. 유다인들에게 할례를 금하지는 않습니다). "나는 복음을 위하여 이 모든 일을 합니다. 나도 복음에 동참하려는 것입니다"(1코린 9,23).

바오로는 복음에게, 사도행전의 주인공 자리도 내어 줍니다. 복음이 땅끝까지 전해지는 것으로 사도행전은 막을 내리고, 그 이후 사도행전에서는 바오로의 삶의 흔적을 찾아볼 수 없습니다.

Lebna
Gedera
Odullam
Jermuth
Hebron
Heder

IV
| 바오로 서간 |

길 안내

이제 신약성경에서 남은 부분은 서간들과 요한 묵시록입니다. 서간 가운데에는 본문에 저자가 바오로 사도라고 표시되어 있는 서간이 있고 다른 사도를 저자로 내세우는 서간도 있습니다. 본문에서 저자가 바오로 사도라고 하는 편지들을 전통적으로 바오로 서간이라고 하지만, 그 가운데에는 저자가 확실치 않은 경우도 많습니다. 히브리서는 바오로 사도의 이름이 나오지 않는데도 바오로 서간 가운데 하나처럼 여겨지기도 했습니다.

우리 여정에서는 신약성경의 차례에 따라 로마서부터 히브리서까지를 읽어 가겠습니다. 시대 순서도 아니고 저자에 따라 잘 구분된 것도 아니지만, 마치 여행 사진첩을 보듯이 각각의 서간에서 중요한 주제에만 초점을 맞추도록 하겠습니다.

바오로 서간 입문

"바오로가 이 편지를 씁니다"(로마 1,1)

일단 백지상태에서 시작합시다. 너무 부정적으로 들릴지 모르지만 바오로 서간이라고 해서 바오로 사도가 썼다는 보장도 없으니, 바오로 서간이든 다른 서간이든 일단 기존의 구분을 무시하고 다시 분류를 해 보겠습니다.

저자에 따른 분류

서간들 가운데에는 "바오로가 이 편지를 씁니다"(로마 1,1)와 같은 식으로 바오로 사도를 저자로 제시하는 서간들이 있고, "하느님과 주 예수 그리스도의 종 야고보가…"(야고 1,1)와 같이 다른 사도의 편지로 되어 있는 경우도 있습니다. 요한 서간(요한 1-3서)의 경우 요한 복음과 여러 가지로 유사하여 요한 서간이라고 하지만, 본문에 저자가 요한

이라는 언급은 없습니다. 실제로 요한 사도가 썼다고 단정할 수도 없습니다.

저자에 따라 서간들을 분류하면 아래와 같습니다.

바오로 친서	로마서, 코린토 1서, 코린토 2서, 갈라티아서, 필리피서, 테살로니카 1서, 필레몬서
기타 바오로계 서간	테살로니카 2서, 콜로새서, 에페소서, 티모테오 1·2서, 티토서
?	히브리서
다른 사도의 서간	야고보서, 베드로 1·2서, 요한 1-3서, 유다서

바오로 서간

바오로 친서는 서간의 첫머리에 발신인이 바오로 사도라고 표시되어 있고, 실제로 바오로 사도가 직접 쓴 것임이 확실한 편지들을 지칭합니다. 코린토 1서 마지막에 바오로 사도가 "이 인사말은 나 바오로가 직접 씁니다"(1코린 16,21)라고 적었다면, 앞부분은 다른 사람의 손을 빌려서 썼을 수도 있다는 뜻이지요. 하지만 단순히 글을 받아쓰는 정도의 도움만 받았다면 친서입니다.

바오로 친서들은 매우 중요한 가치를 지닙니다. 일단 이 편지들은 신약성경에서 가장 먼저, 복음서보다도 일찍 작성된 책으로서 예수님의 말씀과 행적을 매우 가까운 시점에서 전해 줍니다. 물론 초기 교회의 모습을 직접적으로 드러내 주기도 합니다. 바오로 사도가 자신이 복음을 전한 교회들에 보낸 편지에서는 해당 공동체의 모습이 매우 생생하게 드러납니다. 또한 신학적인 면에서도 교회 초기의 교리 형성에 바오로 사도가 미친 영향이 지대하기에, 이 서간들은 바오로 사도와 그 시대의 신학을 보여 주는 훌륭한 증거가 됩니다.

그런데 개별 서간들의 저자가 누구인지 분명치 않은 경우가 많기 때문에, 앞의 표에서 바오로계의 기타 서간으로 분류된 서간들 가운데에서도 바오로 친서가 있을 수 있습니다. 테살로니카 2서, 콜로새서, 에페소서에 대해서는 학자들의 의견이 갈라집니다(먼저 언급된 서간일수록 친서일 가능성이 큽니다). 티모테오 1·2서와 티토서는 바오로 사도가 순교한 다음 그 제자들이 쓴 것이라고 생각됩니다.

바오로 서간의 수신지 《성서사십주간 성경지도》 지도 158

히브리서?

히브리서는 매우 특별합니다. 본문에 저자에 대한 언급이 전혀 없습니다. 가명으로 어떤 저자를 내세우지 않고, 저자가 아예 익명으로 되어 있습니다. 구약성경을 많이 언급하기 때문에 히브리인들을 대상으로 쓴 것이리라고 추정할 뿐 그 이상은 알 수 없습니다. 히브리서 본문에서는 멜키체덱에 대해 말하면서 "그는 아버지도 없고 어머니도 없으며 족보도 없고 생애의 시작도 끝도 없는 이"(히브 7,3)라고 하는데, 히브리서야말로 저자도 작성 연대도 작성 장소도 예상 독자도 정확히 말하기 어려운 책입니다. 여기에 한마디 더한다면, 수신인과 발신인이 없으니 서간이라고 말하기에도 곤란한 면이 있습니다.

다른 사도의 서간

어떻게 해야 할까요? 나머지 서간들의 저자 문제도 간단치 않습니다.

일단 요한 서간을 말한다면, 이 서간들 어디에서도 저자가 요한이라고는 말하지 않습니다. 전통적으로 요한의 서간으로 전해지는데, 아마도 이 서간들과 요한 복음이 여러 가지로 유사하기 때문에 그렇게 여겼을 것입니다. 하지만 요한 복음을 요한이 썼는지도 단언할 수 없는 형국이라면 어떻게 할까요? 이러한 난점들이 있기는 하지만, 요한 복음서와 요한 서간들, 그리고 요한 묵시록은 같은 계통으로 보입니다. 이 모든 책을 쓴 저자가 요한이 아니라 하더라도, 그리고 저자가 한 사람이 아니라 하더라도, 이 책들이 유사한 표현과 상징을 사용하고 신학적으로도 서로 가깝기 때문입니다. 물론, 차이점도 있어서 문제가 되기는 합니다.

　나머지 서간들, 곧 야고보서, 베드로 1·2서, 유다서의 경우 해당 사도가 그 편지를 썼는지 매번 따로 살펴보아야 합니다. 일반적으로 말해서, 직접 쓰지 않았을 가능성이 큽니다.

혼란스러우십니까? 그러나 2티모 3,16에서는, "성경은 전부 하느님의 영감으로 쓰인 것으로, 가르치고 꾸짖고 바로잡고 의롭게 살도록 교육하는 데에 유익합니다"라고 말합니다. 저자가 바오로가 아니고 요한이 아니고 베드로가 아니라 해도, 그 서간들은 모두 성령의 영감으로 기록된 성경입니다. 복음서나 예언서에서도 계속 제기되었던 문제이지요. 친저성과 경전성은 별개의 문제입니다. 사도행전에서 베드로 사도나 바오로 사도보다 복음이 더 중요했던 것과 같은 이치로, 우리에게도 이 서간을 실제로 누가 썼느냐 하는 문제보다는 그것이 하느님의 말씀이라는 사실이 훨씬 더 중요합니다. 바오로 사도가 직접 쓴 편지가 아니라 해서 소홀히 할 것이 아니라, 하느님의 말씀이기에 한 마디 한 마디를 귀중히 여겨야 합니다.

하느님의 말씀을 들을 때: 예로니모 성인은 이렇게 말합니다. "우리가 성찬의 신비에 다가갈 때 만일 그 한 조각이 떨어진다면 우리는 마치 멸망할 것처럼 느끼게 될 것입니다. 그런데 우리가 하느님의 말씀을 듣고 있고 우리의 귀에 하느님의 말씀이, 그리스도의 몸과 그분의 피가 부어질 때에 우리가 다른 생각을 한다면, 우리는 얼마나 큰 위험에 떨어지고 있는 것이겠습니까?"(베네딕토 16세, 〈주님의 말씀〉, 56항)

로마 1-4장: 믿음과 의화

"의로운 이는 믿음으로 살 것이다"(로마 1,17)

신약성경에서는 바오로 서간 가운데 로마서가 가장 먼저 나오지만 로마서는 바오로 친서들 가운데 작성 연대가 가장 늦은 편이며, 바오로 사도의 신학을 종합하고 있습니다. 바오로 사도 신학의 핵심인 '믿음에 의한 의화', 로마서 1장은 바로 그 주제를 다룹니다.

바오로의 회심

회심은 바오로 사도의 삶과 신학을 이해하는 열쇠입니다. 회심 이전과 이후, 바오로는 어떻게 달라진 것일까요?

바오로의 회심에 대해서는 성경의 여러 본문이 전해 주고 있습니다. 먼저, 사도행전에서는 다마스쿠스로 가는 길에 있었던 그의 회심 사건을 세 번에 걸쳐 전합니다(9장, 22장, 26장). 세 번의 이야기에 서로 다른 점들이 있지만, 분명한 것은 이전에 그리스도인들을 박해하던 바오로가 온 세상에 예수 그리스도를 전파하는 사람으로 변화되었다는 점입니다. 그 변화의 핵심은 부활하신 주님과의 만남에 있습니다. 그리고 사도행전에서 이 사건은 이방인 선교의 출발점이 됩니다.

한편 바오로 서간에서는, 바오로 사도 자신이 이 사건을 이야기하면서 스스로 체험한 과거와의 철저한 단절, 관점의 근본적 변화를 강조합니다. 필리 3,5-6에 따르면 바오로는 매우 열성적인 유다교 신자였습니다. 그는 분명 이 점을 자부하고 있었습니다. 그는 성 아우구스티노 같은 '회개한 죄인'은 아니었기에 삶의 위기를 겪지 않았고 자신의 삶에 확신을 가지고 있었습니다. 스스로는 어떠한 변화도 필요로 하지 않았습니다. 그런데 주님께서 일방적으로 바오로를 찾아오셨고, 그의 삶을 뒤집어 놓으셨습니다. 그 후로 바오로는 이제까지 자신이 지니고 있던 것, 자신이 갈망하고 성취하려 했던 것 모두가 헛된 것이었음을 깨닫습니다. "그러나 나에게 이롭던 것들을, 나는 그리스도 때문에 모두 해로운 것으로 여기게 되었습니다. 그뿐만 아니라, 나의 주 그리스도 예수님을 아는 지식의 지고한 가치 때문에, 다른 모든 것을 해로운 것으로 여깁니다"(필리 3,7-8).

율법과 믿음

그가 이전에 지니고 있던 것들은 참으로 가치 있고 귀한 것이었고, 그에게 '이롭던' 것들이었습니다. 그는 태어나면서부터 유다인이었고(필리 3,5: "여드레 만에 할례를 받은") 하느님 백성에 속했습니다. 그러나 이제는 그리스도를 아는 지식의 가치 때문에 그 모든 것을 '해로운 것, 쓰레기'로 여깁니다. 이것이 '회심'입니다. 바오로는 선하고 좋은 이전의 가치들로부터 더 가치 있는 것으로 돌아섭니다.

과거의 바오로에게 중요했던 것은 "율법에 따른 의로움", 곧 율법을 지킴으로써 도달하게 되는 의로움이었습니다(필리 3,6). 그런데 지금은 그것이 "그리스도 때문에" 해로운 것이 되었습니다. 바오로는 그리스도인이 된 다음에도 유다인이라는 혈통을 자랑스럽게 생각했습니다. 그런데도 '해로운 것'이라고 말하는 이유는 자랑스러운 그것이 예수 그리스도 안에서 나타난 하느님의 뜻을, 그 안에서 이루어지는 하느님의 구원을 알아보지 못하게 했기 때문입니다. 내 힘으로 구원을 얻을 수 있다고 생각한다면 하느님의 은총은 큰 힘을 갖지 못합니다. 결정적인 것은 구원관의 변화였습니다. 이것이 너무나 새로운 것이었기에 이전의 것은 무가치하고 무력한 것으로 여겨졌습니다. 바오로는 그리스도의 죽음과 부활로 이루어진 새로운 구원을 이해하게 되면서 깨달음을 얻었습니다. 그리스도에 의한 구원을 알고 체험하기 위해서는 다른 어떤 것에 의지하여 구원을 얻으려는 시도를 포기해야 했던 것입니다.

"율법에서 오는 나의 의로움이 아니라, 그리스도에 대한 믿음으로 말미암은 의로움, 곧 믿음을 바탕으로 하느님에게서 오는 의로움"(필리 3,9)을 얻기 위하여 그는 "율법에 따른 의로움"을 얻으려는 노력을 버립니다.

하느님으로부터 오는 의로움

로마서 1장에서 바오로 사도는 자신의 체험을 바탕으로 이루어진 신학을 다음과 같이 요약합니다. "나는 복음을 부끄러워하지 않습니다. 복음은 먼저 유다인에게 그리고 그리스인에게까지, 믿는 사람이면 누구에게나 구원을 가져다주는 하느님의 힘이기 때문입니다. 복음 안에서 하느님의 의로움이 믿음에서 믿음으로 계시됩니다. 이는 성경에 '의로운 이는 믿음으로 살 것이다'라고 기록된 그대로입니다"(로마 1,16-17).

교회사에서 이 구절은 루터에게 미친 영향 때문에도 유명한 구절이지요. 자신의 노력으로 완전한 삶을 살고 구원을 얻으려 했던 루터는 그것이 불가능함을 깨달으면서 인간이 자신의 공로로 의롭게 되는 것이 아니라 오직 믿음으로 의롭게 된다는 것을 강조하게 됩니다.

바오로 서간의 맥락에서 이 주제는 앞서 보았던 이방인 문제와도 연관됩니다. 이방인들에게 율법을 준수하는 삶을 요구해야 할까요? 그것이 구원에 필요하다고 말해야 할까요? 바오로는 그렇지 않다고 주장합니다. 구원은 인간이 노력하여 얻는 것이 아니라 하느님으로부터 주어지는 것이기 때문입니다.

하지만 조심할 점은 있습니다. 믿음이 또 하나의 율법 규정이 되어서는 안 된다는 것입니다. 믿음으로 구원된다는 말은, 내가 믿음이라는 훌륭한 공로를 지니고 있어서 그 힘으로 구원된다는 뜻이 아닙니다. 나를 의롭게 하는 것은 "예수 그리스도에 대한 믿음을 통하여 오는 하느님의 의로움"(로마 3,22)입니다. 하느님의 의로움은 인간을 의롭게 하시는 의로움입니다. 내가 믿음이 있어서 나는 의롭고 그래서 구원된다고 생각한다면, 나는 또 하나의 바리사이일 것입니다.

로마 교회: 로마서의 수신인은 "로마의 모든 신자들"(로마 1,6)입니다. 이 공동체는 바오로 사도가 선교 활동을 하여 세운 교회가 아닙니다. 로마는 세상의 중심이고 사람들의 왕래가 많았기 때문에, 특별히 어느 사도가 처음 복음을 전했는지도 알려져 있지 않습니다. 49년에 클라우디우스 황제가 유다인들을 로마에서 추방했고, 그 후 그들이 어느 정도 돌아왔을 때에도 로마 공동체에는 이방인들이 많았습니다. 그래서 로마서에서 이방인 문제, 율법 문제가 더 첨예하게 드러나기도 합니다.

로마 5-8장: 의롭게 된 이들의 삶

"우리는 희망으로 구원을 받았습니다"(로마 8,24)

로마서 5장의 첫머리에서는 "그러므로 믿음으로 의롭게 된 우리는 우리 주 예수 그리스도를 통하여 하느님과 더불어 평화를 누립니다"라고 말합니다. 그런데 로마서 5장은 원죄 교리의 근거로 중요하게 인용되는 본문이고, 7장에서 바오로 사도는 자신 안에 자리 잡고 있는 죄에 대해서 말합니다. 믿음으로 의롭게 된 우리의 처지가 왜 그럴까요? 그리고 이러한 처지를 어떻게 평화를 누린다고 말할 수 있을까요? 아마도 로마서 안에는 무엇인가가 감추어져 있을 것 같습니다.

로마서와 원죄 교리

먼저, 모든 인간이 죄 속에 살고 있다고 말하는 5장을 살펴봅시다. 가장 문제가 되는 구절은 12절입니다. "한 사람을 통하여 죄가 세상에 들어왔고 죄를 통하여 죽음이 들어왔듯이, 또한 이렇게 모두 죄를 지었으므로 모든 사람에게 죽음이 미치게 되었습니다."

라틴어 성경에서는 이 구절을 아담 안에서 모든 인간이 죄를 지었다는 뜻으로 이해했습니다. 아담 한 사람이 죄를 지을 때 그 안에서 이미 모두가 죄를 지었다는 것입니다. 특히 아우구스티노를 거치면서 이 구절로부터 원죄 교리가 체계화됩니다. 아담이 죄를 지음으로써 인간의 본성 자체가 죄에 물들었고, 그래서 그 이후로 모든 사람은 태어날 때부터 이미 죄를 지니고 있다는 것입니다.

하지만 그리스어 본문은 꼭 그렇게만 해석되지 않습니다. 그리스 교부들은 오히려, 모든 사람이 각자 죄를 지었다는 뜻으로 이해했습니다. 이 경우에도 결국 죄 없는 사람은 없다는 말이 됩니다. 그러면 '믿음으로 의롭게 된 우리'를 말하는데 왜 죄 이야기를 먼저 할까요?

첫째, '믿음으로 의롭게 된 우리'가 본래 죄인이던 상태에서 의롭게 된 것이기 때문입니다. 어느 누구도 나는 죄가 없고 처음부터 의로웠기 때문에 구원 은총이 필요하지 않다고 말할 수 없습니다. 신학교 1학년 때 쪽지시험을 본 기억이 납니다. 《가톨릭 교회 교리서》의 내용에서 빈칸을 채워 넣으라는 것이었습니다. "원죄 교리는, 예수님께서 모든 사람의 구원자이시며, 모든 사람에게 구원이 필요하고, 그 구원은 그리스도의 은총으로 모든 사람에게 주어진다는 복음의 _____이라고 말할 수 있다." 답은 '이면裏面'이었습니다. 그때는 별것을 다 물어본다고 생각했는데, 알고 보니 이것이 원죄 교리의 핵심입니다.

둘째, 로마서는 아담 한 사람으로 인하여 모든 이가 죄에 물들게 된 것과 예수 그리스도로 인하여 모든 이가 의롭게 된 것을 비교합니다. "한 사람의 범죄로 모든 사람이 유죄 판결을 받았듯이, 한 사람의 의로운 행위로 모든 사람이 의롭게 되어 생명을 받습니다"(로마 5,18). 모든 사람을 죽게 만드는 한 사람의 죄와 모든 사람을 살리는 한 분의 은총을 비교하면, 예수 그리스도를 통하여 주어진 은총이 얼마나 큰지를 알 수 있기 때문입니다.

죄의 지배를 받는 인간

7장에서도 바오로 사도는 끊임없이 죄의 유혹을 받는 자신의 처지에 대해 말합니다. 율법과 계명을 통하여 어떤 것이 죄이고 하지 말아야 할 일인지를 알고 있지만, 실제로는 그러한 죄를 끊어 버리지 못한다는 것입니다. 율법은 좋은 것이지만 인간에게 죄의 지배를 벗어날 능력을 주지 못합니다. 열성적인 바리사이였던 바오로는 스스로 그 한계를 체험했습니다. 인간이 열심히 노력한다 해서 스스로의 힘으로 의롭게 될 수 없다는 것을 깨달았습니다. 그래서 바오로는 자신이 선을 원하면서도, "내 안에 자리 잡고 있는 죄"(로마 7,17)로부터 자유롭지 못하다고 말합니다. "비참한 인간"(7,24)의 처지인 것입니다.

하지만 '믿음으로 의롭게 된' 바오로는 절망하지 않습니다. 그가 이미 답을 찾았기 때문입니다. "누가 이 죽음에 빠진 몸에서 나를 구해 줄 수 있습니까? 우리 주 예수 그리스도를 통하여 나를 구해 주신 하느님께 감사드립니다"(로마 7,24-25). 그러므로 지금 바오로의 처지는

'죽음에 빠진 몸'이 아니라, 거기에서 자신을 구해 주시는 하느님의 능력을 이미 경험한 상태입니다.

희망으로 구원된 우리

그러면 우리의 처지는 어떻습니까? 우리 역시, 우리 안에 죄가 있음을 인정하지 않을 수 없습니다. 우리는 아직 완성되지 않은 구원의 상태를 살고 있습니다. 우리는 세례로 그리스도와 하나가 되었고 하느님의 자녀가 되었지만(로마 6장 참조), "모든 피조물이 지금까지 다 함께 탄식하며 진통을 겪고 있음을 알고 있습니다"(로마 8,22).

진통이 있다면 새 생명이 태어나기를 기다릴 것입니다. 우리는 하느님의 사랑을 이미 보았습니다. 하느님께서 우리를 위하여 당신의 외아드님을 내어 주셨고, 우리가 아직 죄인이었을 때에 그 외아드님께서 우리를 위하여 돌아가셨습니다. 그러니 우리는 하느님께서 우리를 사랑하시며 우리를 당신 아드님과 같은 모양이 되게 하시리라는 것을 의심 없이 믿을 수 있습니다. 우리가 받는 성령께서 그 보증이십니다.

우리를 사랑하시고 당신의 자녀가 되도록 미리 정하신 하느님 아버지와, 죄인이던 우리를 위하여 돌아가시고 부활하신 예수 그리스도와, 우리 구원의 보증이신 성령을 믿는다면 우리는 이미 "희망으로 구원을 받았습니다"(로마 8,24). 아직 그 구원이 충만하게 완성되지 않았다 해도, 그래서 이 세상에 아직 죄와 죽음이 있다 해도, 그 어떤 것도 우리를 하느님의 사랑에서 떼어 놓을 수 없음을 알기 때문입니다. 이것이 믿음으로 의롭게 된 우리의 모습입니다.

로마 9-11장: 이스라엘의 구원

"하느님의 은사와 소명은 철회될 수 없는 것"(로마 11,29)

로마 9-11장은 신약성경에서 가장 분명하게 유다인과 그리스도인의 관계를 다루는 부분입니다. 그 첫머리에서 바오로 사도는, 자신의 마음 안에 "커다란 슬픔과 끊임없는 아픔"(로마 9,2)이 있다고 말합니다. 이스라엘이 예수 그리스도를 받아들이지 않고 있었기 때문입니다.

바오로는 그리스도를 알고 나서 더 이상 자신이 히브리 사람임을 자랑으로 삼지 않았고 오히려 모두 해로운 것으로 여겼습니다. 그러나 바오로는 그 후에도 변함없이, 이스라엘에 "하느님의 자녀가 되는 자격, 영광, 여러 계약, 율법, 예배, 여러 약속"(로마 9,4)이 주어져 있다고 이야기합니다. 이 모든 것은 분명 특별한 선물들입니다. 게다가, 그 누구도 부인할 수 없는 매우 큰 특전이 이스라엘에 주어졌습니다. "그리스도께서도 육으로는 바로 그들에게서 태어나셨습니다"(로마 9,5). 이렇게 하느님께서 특별히 여기신 민족이 바로 바오로 사도의 동족 이스라엘이었습니다.

바오로 사도는 그런 이스라엘이 그리스도의 복음을 받아들일 수 있도록 온갖 노력을 기울입니다. "육으로는 내 혈족인 동포들을 위해서라면, 나 자신이 저주를 받아 그리스도에게서 떨어져 나가기라도 했으면 하는 심정입니다"(로마 9,3). 이보다 더 간절할 수가 있을까요? 바오로는, 자신이 이민족의 사도가 된 것이 동족을 시기하게 만들어 몇 사람만이라도 구원을 얻도록 하기 위해서였다고 말합니다(로마 11,13-14 참조). 하지만 그리스도의 복음을 더 빨리 받아들인 사람들은 이방인이었습니다.

철회되지 않는 선택

그러면, 예수 그리스도를 받아들이지 않은 이스라엘은 이제 하느님으로부터 떨어져 나갔고 그 선택은 무효가 되었다고 말할 수 있을까요? 바오로 사도는 그렇지 않다고 역설합니다. 중요한 부분입니다. 이스라엘은 지금도 하느님의 선택을 받은 백성, 하느님의 사랑을 받는 이들입니다. "하느님의 은사와 소명은 철회될 수 없는 것이기 때문입니다"(로마 11,29).

여기에서 바오로 사도는 하느님의 백성이 된 이방인들과 이스라엘의 관계를 올리브나무에 접붙여진 야생 올리브 가지에 빗대어 설명합니다(로마 11,17-24). 올리브나무에서 가지 몇 개가 잘려 나가고, 야생 올리브 가지가 그 나무에 접붙여집니다. 잘려 나간 가지는 예수 그리스도를 거부한 이스라엘 사람들이고, 접붙여진 가지는 다른 민족으로서 그리스도인이 된 이들입니다. 접붙여진 가지는 잘려 나간 가지들을 무시해서는 안 됩니다. 가지가 접붙여져 살고 있는 올리브나무의 뿌리는 누구의 뿌리입니까? 먼저 있던 그 잘려 나간 가지의 뿌리입니다. 그 뿌리가 지금 접붙여진 가지들을 지탱합니다. "그대가 뿌리를 지탱하는 것이 아니라 뿌리가 그대를 지탱하는 것입니다"(로마 11,18). 우리가 하느님의 백성이 되었다면 그것은 우리가 이스라엘에 접붙여졌기 때문입니다.

그래서 바오로는 온 이스라엘이 구원될 날을 내다봅니다. 야생 올리브 가지가 참올리브나무에 접붙여질 수 있다면, 본래 가지들이 다시 접붙여지는 것은 더 쉬운 일입니다. 지금 이스라엘 가운데 "남은 자들"(로마 11,5)이 언젠가는 온 이스라엘이 구원되리라는 표지입니다.

이사야서 6장이 떠오릅니다. 이사야는 들어도 듣지 못하고 보아도 보지 못하는 이스라엘에 멸망을 선포하도록 부르심을 받습니다. 이스라엘은 완전히 멸망하여 "향엽나무와 참나무가 잘릴 때 거기에 남는 그루터기"와 같이 될 것입니다. 그러나 "그 그루터기는 거룩한 씨앗"입니다(이사 6,13). 다 잘려 나가더라도, 그 나무 그루터기 같은 남은 자들에게서 새로운 미래가 시작 된다는 것입니다. 지금의 상황도 이에 비길 수 있습니다. 믿기를 거부한 이스라엘이 올리브나무에서 잘려 나갔어도, 남은 자들이 있습니다. 바오로 사도는 하느님께서 당신의 백성을 물리치신 것이 아니라고 말하면서 "나 자신도 이스라엘 사람입니다"(로마 11,1)라고 말합니다. 그를 비롯한 '남은 자들'은 '거룩한 씨 앗'과 같이 장차 이루어질 이스라엘의 구원을 예고합니다. 하느님은 당신이 하신 선택을 취소하지 않으시며, 이스라엘은 하느님께서 선택하신 백성입니다.

하느님의 계획

바오로는 이스라엘이 그리스도의 복음을 받아들이지 않은 것이 다른 민족들이 구원을 얻게 하시려는 하느님의 계획에 따라 이루어진 일이라고 설명합니다. 이스라엘은 "여러분이 잘되라고 하느님의 원수가 되었습니다"(로마 11,28).

바오로는 자신의 선교 체험에서, 유다인들이 믿지 않은 것이 결국은 이방인들에게 복음이 전해지는 결과를 가지고 왔다는 것을 알게 됩니다. 그래서 바오로 사도는 접붙여진 올리브 가지인 이방인 그리스도인들에게, 오만한 생각을 갖지 말라고 말합니다. 이것은 우리에게도 해당되는 말씀입니다. 20세기까지도 그리스도인들이 유다인들을 박해했던 것은 바오로 사도의 말씀을 새겨듣지 않았기 때문이 아닐까요? 하느님의 계획 안에서 이스라엘의 위치를 알지 못하고, 모든 민족의 구원을 위하여 그 한 민족이 했던 역할을 알지 못했기 때문이 아닐까요?

왜 이스라엘은 그들이 그렇게도 기다려 온 약속이 예수님에게서 실현되는 것을 알아보지 못했을까요? 알 수 없습니다. 이스라엘 문제를 길게 논의한 다음 바오로 사도는 하느님의 신비를 찬미하며 끝맺습니다. "오! 하느님의 풍요와 지혜와 지식은 정녕 깊습니다. 그분의 판단은 얼마나 헤아리기 어렵고 그분의 길은 얼마나 알아내기 어렵습니까?"(로마 11,33) 우리 역시 그 찬미가로 끝을 맺어야 할 것 같습니다. 구약의 계시를 받았고 하느님과 계약을 맺은 백성이었던 이스라엘 가운데 대부분은 유다인으로 태어나신 예수님을 받아들이지 않았습니다. 하느님의 계획은 지금도 우리에게 신비로 남아 있습니다. 우리는 그 계획이 구원의 계획이라고 믿습니다.

"만물이 그분에게서 나와, 그분을 통하여 그분을 향하여 나아갑니다. 그분께 영원토록 영광이 있기를 빕니다. 아멘"(로마 11,36).

신자들을 위한 권고: 바오로 사도의 여러 서간에서는 앞부분에서 교리 문제를 다룬 다음 뒷부분에서 그리스도인의 삶에 대한 가르침을 줍니다. 로마서에서도 12-16장은 신자들을 위한 권고입니다. 바오로 사도가 우리에게 쓴 편지라고 생각하며 마음에 새겨 봅시다.

1코린 1-4장: 공동체의 일치

"같은 생각과 같은 뜻으로 하나가 되십시오"(1코린 1,10)

어떤 공동체에 편지를 쓸 때마다 다투지 말고 하나가 되라고 말해야 한다면, 전례 모임에서도 서로 자기 자랑을 하고 자기를 드러내려고 하는 것을 꾸짖어야 한다면, 때로는 눈물을 흘리면서 그 공동체를 걱정하며 편지를 쓰고, 그들을 방문했다가 오히려 서로 마음을 상하게 할까 염려해야 한다면, 그 공동체는 어떤 공동체일까요? 그다지 평탄한 공동체는 아닐 듯합니다. 코린토 공동체의 모습이 그러했습니다.

코린토 교회에 보낸 편지들

코린토 1서와 2서는 당연히 코린토 신자들에게 보낸 편지이고, 바오로 사도가 직접 썼다는 사실도 거의 의심의 여지가 없습니다. 로마가 제국의 수도, 세계의 중심이었다면 코린토는 그리스 남쪽의 큰 항구

도시였습니다. 좁은 지협에 위치하여 도시의 동쪽과 서쪽에 각각 항구가 있었다 하니, 상당했겠지요? 그래서 상업이 크게 발달했고, 여러 곳에서 모여든 사람들이 살고 있었으며, 여러 민족이 섬기는 다양한 신을 모셔 놓은 신전들도 있었습니다. 바오로 사도는 50-52년 사이에 1년 반 정도 코린토에 머물렀고, 거기에서 아퀼라와 프리스킬라 부부와 함께 천막 만드는 일을 하면서 신자 공동체를 세웠습니다. 바오로가 떠난 다음에는 아폴로가 와서 유다인들을 논박하면서 그리스도교 신앙을 전파했습니다.

바오로 사도는 코린토 교회에 다른 편지도 보낸 것으로 드러나기에, 그가 쓴 편지들을 편의상 서간 A, B, C, D라고 부릅니다. 서간 A는 코린토 1서보다 먼저 보낸 편지인데(1코린 5,9-11 참조), 여기서는 불륜을 저지르는 자들을 멀리하라고 말합니다. 그러나 신자들이 그 말을 잘 실천한 것으로 보이지는 않고, 또 신자들 사이에 파벌이 생기기도 했습니다.

서간 B는 지금의 코린토 1서입니다. 교회의 분열 상황에 대해 알게 된 바오로 사도는 주로 그 문제와 관련하여 신자들에게 편지를 쓰려 했고, 그 밖에 코린토의 신자들이 바오로 사도에게 보낸 질문들에 대한 답을 적어 보내기도 했습니다. 이 편지의 가장 중요한 주제는 신자들의 분열 문제입니다.

그 후 바오로 사도는 코린토를 직접 방문하기까지 했지만 코린토에서는 오히려 충돌이 일어났습니다. 사도는 에페소로 가서 "매우 괴롭고 답답한 마음으로 많은 눈물을 흘리며"(2코린 2,4) 다시 편지를 썼습니다(서간 C, '눈물의 편지'). 그런 다음에야 코린토 신자들은 마음을 돌이켰고, 티토를 통해 그 소식을 들은 바오로 사도가 마지막으로 쓴 편지가 코린토 2서입니다(서간 D).

바오로 사도가 코린토에 보낸 편지들

서간 A	코린토 1서 이전 (1코린 5,9-11에 언급)	불륜을 멀리하라
서간 B	코린토 1서	공동체의 일치, 질문들에 대한 답변
서간 C	코린토 2서 이전 (2코린 2,4에 언급)	눈물의 편지
서간 D	코린토 2서	공동체의 회심을 기뻐함

십자가의 지혜

이 가운데 코린토 1서의 앞부분은 주로 신자들의 분열 문제에 대해 다룹니다. 바오로 사도는 그 신자들이 본래 "속된 기준으로 보아 지혜로운 이가 많지 않았고 유력한 이도 많지 않았으며 가문이 좋은 사람도 많지 않았습니다"(1코린 1,26)라고 말합니다. 하지만 그 속에서도 신자들은 "바오로 편, 아폴로 편, 케파 편"(1코린 1,12)이라고 하면서 갈라졌습니다.

설마 사도들이 자신을 내세우며 파당을 만들지는 않았을 것입니다. 그런데도 신자들은 인간적인 무엇인가를 내세우면서 갈라집니다. 누구에게 세례를 받았다는 것까지도 내세웁니다. 눈에 띄는 것은 "그리스도 편"도 있다는 점입니다(1코린 1,12). 그렇다면 신자들은 사도들을 예수님과도 맞세우고 있는 것입니다. 인간적인 무엇인가를 내세우는 것, 십자가의 복음보다 세상 사람들이 생각하는 힘과 지혜를 내세우는 것, 이것이 코린토 공동체가 분열된 원인이었습니다. 이에 대해 바오로는 세상 지혜의 어리석음을 말합니다.

세상의 지혜는 십자가에 달리신 예수 그리스도 안에서 하느님을 알아뵙지 못합니다. 자신들의 기준으로 볼 때에 십자가에 달리신 예수님은 어리석고 약하게 보이기 때문입니다. "멸망할 자들에게는 십자가에 관한 말씀이 어리석은 것"(1코린 1,18)입니다. '십자가에 관한 말씀'으로 번역된 구절은 '십자가의 로고스'인데, 《공동번역 성서》에서는 '십자가의 이치'라고 옮겼습니다. 십자가의 논리라고도 할 수 있을 것입니다. 세상의 힘과 지혜라는 기준을 갖다 댄다면, 우리는 예수님의 복음을 버리게 되고 말 것입니다. 세상의 지혜로 보면 십자가는 바보짓입니다. 그런데 그것이 바로 세상의 논리와는 다른 하느님의 논리입니다.

설명할 수 없는 부분이 있습니다. "하느님의 어리석음이 사람보다 더 지혜롭고 하느님의 약함이 사람보다 더 강하기 때문입니다"(1코린 1,25)라는 말씀입니다. 하느님께서는 십자가라는 어리석은 구원의 길을 택하시고, 약하고 어리석은 이들을 구원의 길로 부르십니다. 지혜로운 사람만 구원된다면, 그는 자신이 지혜로워서 구원되었다고 자랑할 수 있을 것입니다. 그러나 하느님은 "어떠한 인간도 하느님 앞에서 자랑하지 못하게 하셨습니다"(1코린 1,29). 인간이 자신의 힘으로,

자신의 지혜로 구원되는 것이 아님을 깨닫게 하시는 것입니다. 인간의 눈에는 어리석게 보이고 약하게 보이는 그 십자가의 복음을 받아들일 때 비로소 하느님의 지혜를, 하느님의 능력을 깨닫게 됩니다.

그러니 복음을 전하는 사람도 세상의 눈에는 어리석어야 합니다. 언변을 내세우면 세상의 지혜를 따르는 것이고 하느님의 지혜를 덮어버리는 것입니다(1코린 2,4 참조). 그래서 바오로 사도는 언변이 아니라 십자가에 달리신 그리스도만을 생각하기로 결심합니다. 복음 선포자를 중심으로 파당이 형성되는 것은 그리스도께 맞서는 것이고 그리스도의 십자가를 헛되게 하는 셈이 되기 때문입니다(1코린 1,17 참조).

본당이 분열되면 성체 조배실부터 만드셨다는 어느 신부님이 생각납니다. 우리 공동체 안에서 십자가의 어리석음보다 인간의 지혜가 두드러진다면, 바로 그것이 분열의 원인입니다. 바오로는 분열된 교회를 일치시키기 위하여 그 분열의 근원을 직접 건드리고 있습니다.

1코린 7-16장: 여러 문제에 대하여

"이 빵을 먹고 이 잔을 마실 적마다"(1코린 11,26)

전례 때 노래하는 모습에서 그 공동체의 삶을 어느 정도 알아볼 수 있습니다. 각자 제멋대로 부르는 공동체, 모든 소리를 다 눌러서 잘라 맞추듯 해 놓은 공동체, 한 사람이 튀는 공동체…. 그것은 공동체의 한 단면입니다. 코린토 공동체도 마찬가지입니다. 1코린 1-4장에서 보았던 공동체의 분열된 모습은 그 공동체의 전례에서도 드러납니다.

주님의 만찬에 관하여

"이제 여러분이 써 보낸 것들에 관하여 말하겠습니다"(1코린 7,1). 바오로 사도가 코린토를 떠나 있는 사이에 신자들 사이에는 몇 가지 문제에 대하여 질문이 생겼습니다. 질문을 전달받은 바오로 사도는 7장부터 시작해서 혼인 문제, 우상에게 바친 제물에 관한 문제 등에 대한 대답을 적어 보냅니다. 그 가운데에서 11-14장은 크게 보면 전례 거행과 관련된 문제들입니다.

11장에서는 먼저 전례 때에 여자들이 머리를 가려야 한다고 말합니다. 이는 주로 당시의 관습에 관련된 문제이기 때문에 지금 우리에게는 덜 중요한 주제입니다. 하지만 11,17 이하에서 주님의 만찬에 관해 말하는 내용은 매우 중요합니다.

"여러분이 한데 모여서 먹는 것은 주님의 만찬이 아닙니다"(1코린 11,20). 바오로 사도는 왜 이렇게 말할까요? 빵에 누룩을 넣었는지 안 넣었는지, 포도주가 백포도주인지 적포도주인지, 제의 색깔이 어떠한지, 예식서가 올바른지, 그런 문제가 아닙니다. 사실 코린토 1서는 복음서와 더불어 매우 초기의 성찬 전례를 상당히 잘 전해 주는 책입니다. "이는 너희를 위한 내 몸이다. 너희는 나를 기억하여 이를 행하여라"(1코린 11,24)와 같은 중요한 구절들이 바로 이 장에 나옵니다.

그런데도 바오로 사도가 그들의 모임이 주님의 만찬이 아니라고까지 말하는 것은, 주님의 만찬 전에 사람들이 각자 가져온 음식을 먹을 때, 부유한 사람들은 자기들 것으로 먼저 배불리 먹고 술에 취했고 가난한 이들은 먹을 것이 없어 굶주렸기 때문입니다. 바오로 사도는 이러한 행동이 하느님의 교회를 업신여기고 가난한 이들을 부끄럽게 하는 행동이라고 비난합니다(1코린 11,22). 함께 빵을 떼어 그리스도의 몸에 동참하고 함께 잔을 나누어 그리스도의 피에 동참하는 이들이 한 몸이 되지 못한다면(1코린 10,16-17 참조), 성찬 모임이 오히려 신자들을 서로 갈라지게 하는 자리가 된다면, 그런 모임은 "주님의 만찬이 아닙니다"(1코린 11,20). 같은 그리스도 안에서 신자들이 하나가 된다는 성찬 본연의 의미가 살아 있지 않기 때문입니다. 공동체의 일치를 해치는 것은 주님의 몸을 거슬러 죄를 짓는 것이며, 따라서 자신에게도 심판을 불러오는 일입니다.

성령의 은사에 관하여

이어서 바오로 사도는 성령의 은사에 대해서 말을 하는데(1코린 12-14장), 은사를 받은 이들이 전례 때에 어떻게 행동해야 하는지를 말하고 있다는 점에서 이 부분도 전례 거행과 관련됩니다. 여기에서도 바오로 사도가 강조하는 것은 공동체이고 일치입니다.

사람들은 서로 다른 여러 은사를 받습니다. 지혜와 지식 같은 은사도 있고, 예언을 하거나 병을 고치는 은사, 신령한 언어를 말하는 은사, 그리고 그것을 해석하는 은사도 있습니다. 하지만 그 모든 은사는 같은 성령께서 주시는 것입니다. "하느님께서 각 사람에게 공동선을 위하여 성령을 드러내 보여 주십니다"(1코린 12,7). 몸에는 손도 있고 발도 있어야 합니다. 손과 발이 한 몸을 이루는 것처럼(1코린 12,12-31), 그리스도의 몸인 교회 안에서 각자가 서로 다른 은사를 지니고 있는 것은 하나의 몸인 교회 전체를 위해서입니다. 말하자면, 교회 안에 여러 은사가 필요하니 하느님께서 여러 사람에게 그 은사들을 나누어 주신 것이지요. 그런데 내가 받은 은사를 마치 나 자신을 위한 것처럼, 또는 나의 소유물처럼 여기는 것은 어리석은 태도입니다.

그래서 바오로 사도는 신령한 언어를 말하는 은사보다 예언의 은사를 더 중시합니다(1코린 14,1-5). 신령한 언어를 말하는 것이 더 놀랍게 보이더라도, 다른 사람들이 그런 은사를 보고 경탄하더라도, 그 말을 해석해 줄 사람이 없다면 그것은 사람에게 도움을 주지 못합니다. 그렇다면 신령한 언어를 말하는 은사를 받은 사람은 공동체를 위로하고 격려하는 예언의 은사를 받은 사람에게 말할 기회를 양보해야 한다는 것입니다. 은사는 어떤 개인을 위한 특별한 선물이라기보다 교회 전체의 공동선을 위해 주어지는 것이기 때문입니다.

우리가 잘 알고 있는, 1코린 13장의 사랑에 대한 묘사는 이러한 맥락에 자리합니다. "여러분은 더 큰 은사를 열심히 구하십시오. 내가 이제 여러분에게 더욱 뛰어난 길을 보여 주겠습니다"(1코린 12,31). 사랑이 그 어떤 은사보다 '더욱 뛰어난 길'이라고 하는 것은 사랑이 없다면 그 모든 은사가 아무런 가치를 갖지 못한다는 의미에서입니다. '구슬이 서 말이라도 꿰어야 보배'라는 말이 있지요. 어떤 사람이 아무리 부유하다 해도 그 돈을 가만히 묻어 두고 만다면 그것이 무슨 소용이 있을까요. 은사도 마찬가지입니다. 우리가 받은 은사들은 크든 작든 모두 교회의 공동선을 위한 것입니다. 내가 받은 은사를 그리스도의 몸인 교회를 위하여 사용하게 하는 사랑, 그것이 그 은사를 가치 있게 만듭니다. 은사를 나만의 자랑거리로 삼는다면 공동체를 분열시키는 결과만을 가져올 것입니다. 은사를 자랑하는 자는 참으로 어리석은 자입니다.

코린토 2서: 바오로의 사도직

"나의 힘은 약한 데에서 완전히 드러난다"(2코린 12,9)

코린토 공동체가 그토록 파란만장했다면, 그 공동체와 바오로 사도의 관계도 쉽지는 않았을 것입니다. 그것은 바오로 사도가 겪어야 했던 수많은 어려움 가운데 하나였습니다. 사실 사도의 삶은 쉬운 것일 수 없었습니다.

'눈물의 편지' 이후

코린토 1서를 마치면서 바오로 사도는 예루살렘 교회를 위한 모금을 부탁했습니다. 그는 코린토에 들렀다가 예루살렘으로 갈 계획이었습니다(1코린 16,1-9). 그런데 그 사이에 바오로를 사도로 인정하지 않는 이들이 코린토에 와서 사람들을 현혹한 것으로 보입니다. 이러한 소식을 들은 바오로는 급히 코린토를 찾아갔지만 문제는 해결되지 않았고 바오로는 오히려 큰 슬픔을 겪게 되어 "매우 괴롭고 답답한 마음으로 많은 눈물을 흘리며"(2코린 2,4) 코린토 신자들에게 편지를 썼습니다. 코린토를 다시 방문할 생각도 했지만, 오히려 상황을 악화시킬까 두려워 방문을 미루고 있었습니다. 그러자 또 어떤 이들은 바오로가 이랬다저랬다 한다고 그를 비방했습니다.

그 후 시간이 지난 뒤에, 신자들이 잘못을 바로잡은 다음에 바오로 사도가 큰 위로와 기쁨을 느끼며 쓴 편지가 코린토 2서입니다(2코린 7,2-16 참조). 하지만 그 사이에 여러 가지로 바오로를 비난하는 사람들이 있었고 신자들 중에는 분명 동요된 이들이 적지 않았습니다. 그러므로 코린토 2서에서 바오로는 자신의 입장을 옹호합니다. 이러한 이유로 이 서간에는 바오로 사도가 참된 사도를 어떻게 이해했는지 잘 드러납니다.

사도의 직분

사도의 직분에 대한 바오로의 말 가운데 가장 널리 알려진 문장은 아마도 "우리는 이 보물을 질그릇 속에 지니고 있습니다"(2코린 4,7)인 것 같습니다. 여기서 '보물'은 사도의 직분을 가리키고, '질그릇'은 바오로가 인간으로서 지니고 있는 조건을 뜻합니다.

하느님과 이스라엘 백성 사이에 맺어진 시나이 계약의 일꾼이었던 모세의 직분은 대단히 영광스러운 것이었습니다. 그러나 사람들을 의로움과 생명으로 이끄는 성령의 직분은 더욱 영광스럽습니다(2코린

3장). 그렇다면, 옛 계약에서 가장 중요한 역할을 한 인물인 모세의 직분보다 더 영광스러운 이 직분을 어느 누가 감당할 수 있겠습니까? 모세도 부르심을 받을 때에 자신이 말솜씨가 없다 하며 주님께 다른 사람을 보내시라고 말씀드립니다(탈출 4,10.13). 바오로도 물론, 이전에 교회를 박해하던 사람으로서 자신이 사도가 되기에 마땅하다고 생각지 않습니다. 사도가 된 후에 자신의 사도직을 옹호하면서도 바오로는 스스로 자신이 훌륭해서 그 직분을 지니고 있다고 여기지 않습니다. 그는 자신이 오직 "하느님의 자비를 입어"(2코린 4,1) 사도가 되었으며 이 직분을 수행하고 있음을 잘 압니다. 그렇기에 어떤 일을 당해도 낙심하지 않고, 죽을 육신에서 예수님의 생명이 드러나게 합니다(2코린 4,1.11 참조). 사도는 자기 자신을 선포하는 것이 아니라 오직 예수 그리스도를 선포하는 것이기에, 사도의 인간적 약함은 문제가 되지 않습니다.

사도의 약함

하지만 때로는, 기왕이면 사도가 인간적으로도 뛰어난 능력을 지니고 있고 남들 보기에 훌륭하다면 사람들에게 인정도 받고 사도직도 더 잘 할 수 있지 않을까 하는 생각이 듭니다.

바오로 사도 역시, 다른 이들이 "속된 기준"(2코린 11,18)으로 자랑한다면 자신도 자랑할 것이 없지 않다고 말합니다. 다른 사도들이 스스로 이스라엘 사람임을, 아브라함의 후손임을 자랑한다면 바오로 역시 혈통을 자랑할 수 있고, 복음을 전하기 위하여 겪은 수고와 고생을 내세운다면 바오로는 그들보다 더 자랑할 수 있습니다. 그는 자신이 받은 계시를 말할 수도 있고, 자신이 "표징과 이적과 기적으로"(2코린 12,12) 참사도의 표지를 드러냈다고도 말합니다.

하지만 이 모든 것은 바오로가 참된 사도임을 보여 주는 결정적 요인이 아닙니다. 바오로는 자신의 몸에 "가시"(2코린 12,7)를 갖고 있다고 말합니다. 그리고 이것이 자신이 교만해지지 않도록 하느님께서 내려 주신 것이라고 고백합니다. 바오로 사도가 자신이 지닌 약함이고 고통인 그 가시를 거두어 주시기를 청했을 때, 주님께서는 사도에게 말씀하셨습니다. "나의 힘은 약한 데에서 완전히 드러난다"(2코린 12,9).

이것이 바오로 사도가 자신의 장점과 약점 모두를 보면서 깨달은 바입니다. 인간적 장점과 좋은 도구가 여럿 있다면 더 효과적으로 복음을 전할 수 있으리라고 생각할 수도 있겠지요. 그런데 주님께서는 바오로에게, 그것이 전부가 아님을 말씀하십니다. 사도 직분이라는 보물이 금으로 된 그릇이 아니라 질그릇 안에 들어 있는 것은 "그 엄청난 힘은 하느님의 것으로, 우리에게서 나오는 힘이 아님을 보여 주시려는 것입니다"(2코린 4,7). 사도의 직무 수행을, 마치 상인이 장사를 잘하는 것처럼, 또는 운동선수가 운동을 잘하는 것처럼 자신의 능력에 달려 있는 것으로 여겨서는 안 됩니다. 이를 잊지 않기 위해서는 사도의 약함, 때로는 실패까지도 필요합니다.

이번에 코린토 서간을 읽으면서 발견한 것이 있습니다. 바오로 사도가 '자랑하려는 자는 주님 안에서 자랑하라'는 예레미야서의 말씀(예레 9,22-23 참조)을 두 번이나 인용한다는 점입니다(1코린 1,31; 2코린

10,17). 사도가 그 말씀을 자주 되새겼던 것 같습니다. 공동체가 분열을 극복하고 일치를 이루기 위해서나, 사도가 교만에 빠지지 않고 하느님의 자비에 의지하여 사도직을 수행하기 위해서나, 자신을 내세우지 않는 자세는 꼭 필요할 것입니다. 그럴 때에 하느님의 능력이 드러나기 때문입니다.

갈라티아서: 그리스도인의 자유

"여러분은 자유롭게 되라고 부르심을 받았습니다"(갈라 5,13)

갈라티아서는 로마서와 유사합니다. 갈라티아 지역의 여러 교회에 보낸 편지로서 거의 확실한 바오로 사도의 친서이고, 믿음에 의한 의화와 율법에 대해 말합니다. 차이가 있다면, 로마서가 갈라티아서보다 더 늦은 시기에 천천히 숙고하면서 쓴 글이라는 점을 들 수 있습니다. 로마서보다 간략한 갈라티아서는 아마도 제3차 선교 여행 중에 에페소에 머물면서 갈라티아로 써 보낸 편지로 추정되는데, 짧은 인사말에 바로 이어서 갈라티아 신자들의 잘못을 꾸짖는 것을 보면 긴박한 상황에서 쓴 글로 생각됩니다.

계시를 통하여 받은 복음

코린토에서 유다 출신의 다른 이들이 와서 바오로 사도에 대한 신뢰를 흔들어 놓았던 것과 유사하게, 갈라티아에서도 바오로 사도가 복음을 전한 후에 신자들을 혼란에 빠뜨린 이들이 있었습니다. 그들은 모세의 율법을 따르지 않으면, 특히 할례를 받지 않으면 구원될 수 없다고 주장했습니다(사도 15,1). 갈라티아 신자들은 곧 혼란에 빠졌습니다. 바오로 사도는 신자들이 "다른 복음"(갈라 1,6)을 따라갔다고 말합니다. 다른 복음이라는 것은 있을 수도 없는데, 그들이 그리스도의 복음을 왜곡했다는 것입니다. 먼저 왔던 바오로 사도는 할례를 요구하지 않았는데, 나중에 온 사람들이 할례를 요구합니다. 갈라티아 신자들 입장에서, 누구 말을 들어야 하는지 어떻게 알 수 있을까요?

바오로 사도가 말하는 기준은 그 가르침이 어디에서 왔는가 하는 것입니다. 바오로는 "내가 전한 복음은 사람에게서 비롯된 것이 아닙니다"(갈라 1,11)라고 말합니다. 반대자들도 어쩌면 말로는 그렇게 주장할 수 있을지 모릅니다. 그래서 바오로는 자신이 유다교 신자로서 교회를 박해하던 사람이라는 사실을 상기시킵니다. 바오로는 스스로 예수님을 따르겠다고 나설 인물이 아니었습니다. 열렬한 유다교 신자이던 그가 돌아서게 된 것은 오직 하느님께서 그를 택하시고 부르시어 복음을 전할 도구가 되게 하셨기 때문이었습니다.

바오로가 이러한 자신의 체험을 고백하는 것은 자신이 전한 복음의 신빙성을 증언하기 위해서입니다. 자신의 특별함을 말하기 위해서가 아니라, 자신이 전한 복음이 참으로 하느님으로부터 온 것임을 보여 주기 위해서입니다. 그리고 바오로가 선포하는 복음의 핵심은 "사람은 율법에 따른 행위가 아니라 예수 그리스도에 대한 믿음으로 의롭게 된다"(갈라 2,16)는 것이었습니다. 열렬한 바리사이였던 시절의 바오로가 믿었던 것과는 전혀 다른 내용입니다. 그렇기 때문에 더더욱, 이 복음은 바오로 자신이 만들어 낸 것이 아니라 어느 날 그를 사로잡으셨던 하느님으로부터 온 것임이 드러납니다. "그 복음은 내가 어떤 사람에게서 받은 것도 아니고 배운 것도 아닙니다. 오직 예수 그리스도의 계시를 통하여 받은 것입니다"(갈라 1,12).

성령의 인도를 따르는 삶

이방인들이 그리스도교 신자가 되려면 먼저 할례를 받아야 하는가 여부를 논의하기 위한 예루살렘 사도 회의에 대해서는(갈라 2,1-10) 사도행전에서 보았고(사도 15장), 율법이 아니라 믿음을 통해서 의화된다는 점에 대해서는 로마서에서 살펴보았으므로(로마 1-4장) 다시 다루지 않겠습니다. 다만 갈라티아서에서 특별히 강조되는 '자유'에 대해서만 좀 더 생각해 보겠습니다.

그리스도인들은 이제 하느님의 자녀가 되어 자유롭게 되었고 더 이상 율법이라는 후견인 아래 있지 않습니다. 이제 감시자가 필요하지 않습니다(갈라 3,24-25). 하지만 이 자유는 육이 원하는 것을 마음껏 취하기 위한 것이 아니라 성령의 인도대로 살기 위한 자유입니다.

어린아이가 어른이 되어 스스로 결정할 권리를 갖게 되는 것은, 이제 나쁜 일을 해도 된다는 의미가 아니라 성인이 된 그가 스스로 선을 선택할 수 있는 판단력을 지녔다고 믿는다는 뜻입니다. 그리스도인이 누리는 자유도 이와 같습니다. 우리가 자유롭게 되라고 부름을 받은 것은 우리에게 성령이 주어졌고, 감시자가 없어도 그 성령에 따라 살 수 있기 때문입니다. 하느님께서 예수 그리스도를 통하여 우리에게 구원을 주시기에, 구원을 확보하기 위하여 율법을 지키거나 할례를 받아야 하는 것은 아닙니다. 구원은 은총으로 주어집니다. 하지만 그 은총에 힘입어 어른이 된 우리는, 우리에게 주어진 자유를 잘 사용하여 성령에 따른 삶을 살아야 합니다.

코린토 1서에서 바오로 사도는 "나는 아무에게도 매이지 않은 자유인이지만, 되도록 많은 사람을 얻으려고 스스로 모든 사람의 종이 되었습니다"(1코린 9,19)라고 말합니다. 또한 "이제는 내가 사는 것이 아니라 그리스도께서 내 안에 사시는 것"(갈라 2,20)이며 "세상 쪽에서 보면 내가 십자가에 못 박혔습니다"(갈라 6,14)라고도 말합니다. 우리가 부름받은 자유는 그런 것입니다. 우리에게는 육을 위해서 살지 않고 성령께서 원하시는 길을 선택할 수 있는 자유가 있습니다. 어떤 것이 성령께서 원하시는 것인지 몰라서 선택하지 못한다고 말할 수도 없습니다. 바오로 사도는 갈라티아 신자들에게, 그리고 우리에게, 갈림길에서 무엇을 선택해야 하는지를 말해 줍니다. "성령의 열매는 사랑, 기쁨, 평화, 인내, 호의, 선의, 성실, 온유, 절제입니다"(갈라 5,22-23). 우리가 지금도 잘난 체하고 시비하고 시기한다면(갈라 5,26) 나는 아직 자유로운 사람이 아닙니다. 성령을 따를 수 있는 자유가 내 안에 없고, 오히려 육의 욕망이 나를 얽어매고 있다고 인정해야 할 것입니다.

에페소서: 하느님의 계획

"하느님의 그 좋으신 뜻에 따라"(에페 1,5)

에페소서는 바오로 사도가 직접 쓰지 않았을 가능성이 큽니다. 그렇다면 아마도 바오로 친서들보다는 조금 늦은 시기에 작성되었을 것입니다. 이 편지에서 저자는 천지 창조에서부터 교회의 시대를 거쳐 종말의 완성에 이르는 하느님의 계획을 바라봅니다. 이 넓은 세상 안에서 어쩌면 티끌과도 같은 우리이지만, 우리는 하느님의 그 계획 안에서 한몫을 차지하고 있습니다.

> **에페소의 친저성:** 콜로새서와 에페소서는 비슷한 주제들을 다루는데, 에페소서가 콜로새서를 더 발전시키고 있습니다. 그러므로 콜로새서가 바오로 친서가 아니라고 본다면 에페소서는 당연히 친서가 아니라고 판단하게 됩니다. 또 콜로새서가 바오로 친서라고 하더라도, 거기서 한 단계 더 나아간 에페소서는 친서가 아닐 수 있습니다.

세상 창조 이전부터

에페소서는 시야가 매우 넓습니다. 저자는 첫 장에서부터 하느님의 계획에 대해 말하는데, 그 계획은 세상 창조 이전에 이미 세워진 계획입니다. 온 우주를 포괄하는 이 계획이 지금 교회 안에서 펼쳐지고 있습니다. 에페소서 1장을 읽어 보십시오. 1,3-14의 찬가가 하느님의 계획을 처음부터 끝까지 묘사하는데, 그리스어 원문에는 이 찬가 전체가 한 문장으로 되어 있습니다. 그 첫 절에 나오는, 하느님께서 우리에게 베푸시는 "하늘의 온갖 영적인 복"(에페 1,3)을 여러 가지로 열거하면서 찬가가 전개되는 것입니다.

요한 복음서 1장의 찬가가 떠오릅니다. 공관복음서보다 늦게 작성된 요한 복음서는 "한처음에 말씀이 계셨다"(1,1)는 구절로 시작했습니다. 예수 그리스도에 대해 말하면서 그 시작을 '한처음'에서 찾습니다. 에페소서도 그렇습니다. 하느님께서는 세상을 만드시기 이전에 이미 우리에 대한 계획을 갖고 계셨는데, 그것은 "그리스도 안에서"(에페 1,4) 세우신 계획이었습니다. "세상 창조 이전에 그리스도 안에서 우리를 선택하시어, … 예수 그리스도를 통하여 우리를 당신의 자녀로 삼으시기로 미리 정하셨습니다"(에페 1,4-5). 한처음부터 계셨던 말씀이신 예수 그리스도 안에서, 하느님께서는 우리가 생겨나기도 전에 이미 우리를 당신 자녀로 선택하셨습니다.

신비의 계시

그런데 그 큰 계획을 인간이 어떻게 알 수 있을까요? 에페소서의 찬가에서는 "그리스도 안에서 미리 세우신 당신 선의에 따라 우리에게 당신 뜻의 신비를 알려 주셨습니다"(에페 1,9)라고 말합니다. 신비라는 것, 대략 말한다면 인간이 자신의 능력으로 이해하고 파악할 수 없는 것을 뜻하겠지요. 하느님께서 계획하고 행하시는 일들을 인간의 유한한 머리로 모두 알 수는 없는 것이기에, 그 계획은 인간에게 신비로 나타납니다. 구약성경에는 신비라는 단어가 자주 나오지 않는데, 구약 말기의 묵시문학에서는 하느님께서 미리 정하신 구원 계획을 갖고 계시고 이를 인간에게 알려 주시어 인간이 그것을 알게 된다는 개념이 나타납니다(다니 2,18-19 등). 이때부터 신비는 감추어진 것으로만 머물지 않습니다. 하느님께서 당신의 계획을 인간이 알게 하시기 때문입니다.

신약성경에 이르면, 과거에는 감추어져 있던 신비가 계시의 절정이며 완성이신 예수 그리스도를 통하여 온전히 드러납니다. 하느님께서 세상 창조 이전에 마련하신 그 계획이 이제 우리 눈앞에서 실현되기 때문입니다. 예수 그리스도를 통하여, 우리는 하느님을 알게 되고 하느님께서 우리를 위해 마련하신 계획을 알게 됩니다. 그리스도의 피를 통하여 우리를 속량하시고, 거룩하고 흠 없는 사람이 되게 하시고, 하느님의 영광을 찬양하는 사람이 되게 하신 것, 이것이 우리에 대한 하느님의 계획이었습니다. 이제는 더 이상 우리에 대한 하느님의 뜻을 알고자 어둠 속을 헤맬 필요가 없습니다. 하느님께서 당신의 선하신 뜻에 따라 우리에게 베푸시는 은총을 보면서 "그 은총의 영광을 찬양"(에페 1,6)하는 것이 우리의 몫입니다.

모든 것이 그리스도 안에

이 계획의 종착점은 어디일까요? 같은 찬가에서는 하느님의 계획이 "때가 차면 하늘과 땅에 있는 만물을 그리스도 안에서 그분을 머리로 하여 한데 모으는"(에페 1,10) 것이라고 말합니다.

이 구절은 에페소서의 매우 특징적인 부분입니다. 여기서 '머리로 하여 한데 모으다'는 그리스어에서 한 단어인데(anakephalaiosasthai), '요점을 되풀이하다, 요약하다'라는 의미와 '어떤 것 또는 누구 밑으로 가져다 놓다, 데려다 놓다'라는 의미를 갖고 있습니다. 이 단어가 본래 '머리'를 뜻하는 kephale에서 파생된 것은 아니지만, (그분을) '머리로 하여 한데 모으다'라는 우리말 번역은 본래 저자가 생각한 의미에 상응하는 것으로 보입니다. 에페 1,22에서 "만물을 그리스도의 발아래 굴복시키시고, 만물 위에 계신 그분을 교회에 머리로 주셨습니다"

라고 말하는 것을 보면, 저자는 이 단어가 '머리'(kephale)를 연상시키기 때문에 사용한 것으로 보입니다. 그렇다면 이 단어는, 모든 것이 그리스도 안에 요약되고 모든 것이 그리스도 안에서 하나가 될 뿐 아니라 그리스도께서 그 모든 것을 다스리는 머리가 되신다는 의미를 내포합니다. 만물은 그 머리이신 그리스도 아래 요약됩니다. 라틴어로는 '수렴'(recapitulatio)으로 번역되었는데, 이레네오는 '만물이 한데 모여 그리스도의 통치 아래 종속될 때'를 나타내는 데에 이 단어를 사용하였습니다.

에페소서 이후 거의 이천 년이 지난 지금까지 세상은 완성되지 않았고, 모든 것이 온전히 그리스도께로 모여들지도 않았습니다. 하지만 하느님의 계획은 창조 이전부터 시작되어 세상이 완성되는 순간까지 계속 진행되고 있습니다. 그 계획이 이미 계시되었고 또한 성령을 보증으로 받았기에, 우리는 "우리가 하느님의 소유로서 속량될 때까지"(에페 1,14) "그리스도께 희망을 두고"(에페 1,12) 하느님을 찬양하며 살아갑니다. "여러분 마음의 눈을 밝혀 주시어, 그분의 부르심으로 여러분이 지니게 된 희망이 어떠한 것인지, 성도들 사이에서 받게 될 그분 상속의 영광이 얼마나 풍성한지 여러분이 알게 되기를 비는 것입니다"(에페 1,18).

필리피서: 바오로의 기쁨

"주님 안에서 늘 기뻐하십시오"(필리 4,4)

바오로 사도가 늘 기뻐하라고 말한 것은 잘 알려져 있지만, 그 말을 할 때에 그가 어떤 상황에 있었고 필리피 신자들의 공동체가 어떠했는지는 잘 기억하지 않습니다. 일단 필리피서는 거의 확실한 바오로 사도의 친서이니, 바오로 사도의 삶을 회상하며 그가 신자들에게 늘 기뻐하라고 말하는 것이 어떤 의미인지를 되새겨 봅시다.

필리피 공동체

필리피서는 "그리스도 예수님의 종 바오로와 티모테오가 그리스도 예수님 안에서 사는 필리피의 모든 성도에게"(필리 1,1) 보낸 편지입니다. 바오로 사도는 필리피 공동체를 잘 알고 있었고, 필리피 신자들도 바오로 사도를 깊이 신뢰하고 있었습니다. 바오로 사도는 필리피 신자들이 자신의 마음속에 자리 잡고 있다고 말했고, 그리스도 예수님의 애정으로 그들을 그리워했습니다(필리 1,7-8 참조). 신자들에게 폐를 끼치지 않기 위해서 다른 이들에게 경제적 도움을 받지 않고 자신의 손으로 일을 하며 선교 활동을 했던 바오로는, 필리피 신자들이 보내 주는 것만은 감사하며 받았습니다(필리 3,10-20 참조). 바오로는 테살로니카와(필리 4,16) 코린토에서(2코린 11,9) 필리피 신자들의 도움을 받았습니다. 그래서 그는 필리피 신자들이 "복음을 전하는 일에 동참"(필리 1,5)하고 있다고 말합니다. "내가 사랑하고 그리워하는 형제 여러분, 나의 기쁨이며 화관인 여러분, 이렇게 주님 안에 굳건히 서 있으십시오, 사랑하는 여러분!"(필리 4,1) 바오로의 이 말은 사도와 필리피 신자들 사이의 친밀함을 여실히 보여 줍니다.

    그렇다고 해서 필리피에서 모든 일이 순탄했던 것은 아닙니다. 바오로 사도는 제2차 선교 여행 중에 필리피를 방문했습니다. 사도 16장에 따르면 그는 마케도니아로 건너와 달라는 환시를 보고 필리피로 갔습니다. 다른 곳에서처럼 필리피에서도 바오로는 먼저 유다인들이 모여 있는 곳에 가서 복음을 전했습니다. 하지만 문제가 발생했습니다. 점 귀신 들린 하녀에게서 귀신을 쫓아냈더니, 이제 점치는 일로 돈을 벌지 못하게 된 그 하녀의 주인들이 바오로와 실라스가 도시에 소동을 일으킨다고 그들을 고발했던 것입니다. 그래서 그들은 감옥에 갇혔지만, 지진이 일어나 감옥 문이 열려 풀려났습니다. 행정관들은 그들이 로마 시민이라는 말에 두려워하면서 그 도시를 떠나 달라고 요청했고, 바오로와 실라스가 떠나고 나자 필리피에는 작은 공동체만이 남았습니다. 그 후 제3차 선교 여행 중에도 바오로는 필리피를 다시 방문합니다.

감옥에 갇힌 바오로

그런데 바오로 사도가 필리피서를 쓸 때에 그는 감옥에 갇혀 있었습니다(필리 1,7.12-17 참조). 정확히 언제, 어디였는지는 알 수 없습니다. 사실은 필리피서 전체가 본래 하나의 편지였는지, 아니면 두 개의 편지가 합쳐진 것인지에 대해서도 견해가 다릅니다. 어쨌든 신약성경에서 바오로 사도가 감옥에 갇혔다고 언급된 곳은 카이사리아, 로마, 필리피인데, 그 중 하나를 선택해야 한다면 로마일 가능성이 가장 크다고 생각됩니다. 그렇다면 61년 이후, 곧 바오로 사도가 세 번의 선교 여행을 모두 마치고 마지막에 수인으로서 로마에 갔을 때일 것입니다. 에페소에서 이 편지를 썼으리라는 견해도 있습니다. 바오로 사도는 위에 언급된 곳들 외에 다른 도시에서도 여러 차례 투옥되었고 에페소에서도 분명 어려움을 겪었으므로, 제3차 선교 여행 중에 에페소에서 필리피로 편지를 보냈을 수 있습니다.

예수님의 순종을 본받을 때

필리피 공동체에도 어려움은 있었습니다. 그중 첫째는 공동체의 분열이었습니다. 바오로 사도는 4장에서 에우오디아와 신티케에게 "주님 안에서 뜻을 같이하십시오"(필리 4,2)라고 말하는데, 이들은 복음을 전하기 위해서 바오로 사도와 함께 애썼던 사람들이었습니다. 그런데도 분열은 피할 수 없었던 것 같습니다. 코린토 1서에서와 마찬가지로 필리피서에서도 신자들 사이의 일치는 중요한 문제가 됩니다.

또한 외부에도 반대자들이 있었습니다. 바오로 사도가 선교 여행 중에 필리피에서 감옥에 갇히고 결국 그곳을 떠나야 했던 것과 마찬가지로 신자들도 "한뜻으로 굳건히 서서 한마음으로"(필리 1,27) 믿음을 위해 싸워야 했습니다. 말하자면 바오로 사도가 그렇게 자랑스러워했던 필리피 공동체 역시 우리가 상상하는 이상적이고 평화로운 공동체는 아니었던 것 같습니다.

이 모든 문제에 대하여 바오로 사도가 제시하는 처방은 하나입니다. "그리스도 예수님께서 지니셨던 바로 그 마음을 여러분 안에 간직하십시오"(필리 2,5). 물론 바오로 사도는 여러 가지 권고를 합니다. 그런데 그 핵심은 예수님을 본받는 것, 특히 하느님이시면서 자신을 비우시어 사람이 되시고 십자가의 죽음에 이르기까지 순종하신 예수님의 겸손을 본받는 것입니다(필리 2,6-11의 '그리스도 찬가' 참조). 자신을 내세우지 않고, 자신을 높이려 하지 않고 서로 한마음 한뜻이 될 때 사도도 기뻐할 것입니다(필리 2,2: "나의 기쁨을 완전하게 해 주십시오").

이렇게 해서 기쁨이라는 주제로 돌아옵니다. 필리피에서 어려움을 겪었고 지금도 감옥에 갇혀 있는 바오로의 기쁨은 하느님께 바치는 포도주로 부어지는 기쁨이었습니다(필리 2,17 참조). 그러면서 그는 "여러분도 마찬가지로 기뻐하십시오. 나와 함께 기뻐하십시오"(필리 2,18)라고 말합니다. 사도의 삶도, 필리피 공동체의 삶도 어려움은 있었습니다. '늘' 기뻐하라는 사도의 말은, 그리스도를 본받되 특히 "당신 자신을 낮추시어 죽음에 이르기까지, 십자가 죽음에 이르기까지 순종"(필리 2,8)하신 그리스도를 본받을 때에 완전하게 되는 그런 기쁨을 말하는 것이었습니다.

콜로새서: 그릇된 가르침

"그분은 보이지 않는 하느님의 모상이시며
모든 피조물의 맏이이십니다"(콜로 1,15)

통계 조사를 하면 스스로 자신의 종교가 그리스도교라고 말하지만 거의 무속 신앙을 따르고 있는 것 같은 신자도 있고, 불교의 세계관과 인생관을 그대로 지니고 있는 신자도 있고, 유교의 가치관에 깊이 물들어 그리스도교의 새로움을 받아들일 여지가 없는 신자도 있습니다. 소위 '무늬만' 그리스도인이라고 할까요? 더 심하게 말하면, 실제로는 다른 종교의 신자인데 자신이 그리스도인이라고 주장하고 있는 신자들도 있습니다. 우리 시대에만 그런 것이 아니라 초세기 교회에도 그런 이들이 더러 있었던 것 같습니다. 콜로새서에서는 그러한 신앙의 형태에 대해 말합니다.

> **콜로새 교회:** 콜로새서도 바오로 사도가 직접 쓴 편지가 아닐 가능성이 다분하지만, 에페소서에 비하면 좀 더 친서에 가깝게 보입니다. 콜로새 교회는 바오로 사도가 처음 복음을 전하여 세운 공동체도 아니며, 에페소 공동체의 영향으로 신자들이 생겼다고 봅니다. 콜로새 교회의 지도자는 에파프라스였습니다.

사람을 속이는 가르침

저자는 콜로새 교회의 신자들에게 그리스도 안에 숨겨져 있는 지혜와 지식에 대해 말하면서, "아무도 사람을 속이는 헛된 철학으로 여러분을 사로잡지 못하게 조심하십시오"(콜로 2,8)라고 합니다. 정통 가르침이 아닌 다른 사람들의 말에 넘어가지 않도록 신자들이 배웠던 복음 내용을 다시 일깨워 주는 것입니다.

콜로새 신자들을 현혹했던 그릇된 가르침에는 유다교의 영향이 섞여 있었던 것으로 보입니다. 이런저런 것에 대해 "손대지 마라, 맛보지 마라, 만지지 마라"(콜로 2,21) 하는 말들, 그리고 "축제나 초하룻날이나 안식일 문제"(콜로 2,16)로 사람을 심판하는 것은 그리스도교 신자에게 유다교의 규정을 지키라고 요구하는 것입니다. 저자는 이러한 요구들을 거부합니다. 그리스도교 신자들은 육의 할례는 받지 않았지만 "사람 손으로 이루어지지 않는 할례 곧 그리스도의 할례"(콜로

2,11)라고 일컬어지는 세례를 받음으로써, 그리스도와 함께 묻혔고 그리스도 안에서 다시 살아났습니다. 그러니 할례를 받아야 한다는 주장은 의미가 없습니다. 율법 규정 역시 그리스도께서 그것을 십자가에 못 박아 없애 버리셨다고 말합니다.

"그런 것들은 앞으로 올 것들의 그림자일 뿐이고 실체는 그리스도께 있습니다"(콜로 2,17). 그림자에게는 분명 그림자의 역할이 있습니다. 사람의 그림자가 보이면 누군가 다가오고 있다는 것을 압니다. 율법도 그러한 역할을 했습니다. 그러나 그 '실체'가 나타나면 이제 그림자를 붙잡고 있을 이유가 없습니다. 콜로새 신자들에게는 그러한 새로움이 필요했습니다.

그리스도의 충만함

거짓 겸손과 천사 숭배, 이 세상의 정령들, 권세와 권력, 이런 것들이 세상 사람들이 추종하는 대상이었습니다. 아직은 완전한 형태를 갖추지 않은 영지주의, 헬레니즘 시대의 종교들, 그럴듯해 보이는 온갖 주장이 신자들을 그릇된 길로 빠지게 합니다. 신자들에게 구약 율법을 요구했던 이들이 그리스도교를 버리고 유다교로 돌아오라고 한 것이 아니듯이, 이러한 가르침을 퍼뜨린 이들도 그리스도교에 정면으로 맞선 것이 아니라 오히려 예수 그리스도를 자신들의 교리 체계에 끼워 넣으려 했습니다. 그리스도가 자신들이 생각하는 천상 존재들의 위계에서 다른 능력들에 종속되어 있다고 주장한 것입니다. 그러므로 구원을 위해서는 예수 그리스도만으로 충분치 않고 다른 어떤 행위나 숭배가 필요하다는 것이었습니다.

이에 대하여 콜로새서의 저자는, 그리스도께서 온전한 신성을 지니고 계심을 가르칩니다. "온전히 충만한 신성이 육신의 형태로 그리스도 안에 머무르고 있습니다"(콜로 2,9). 충만함, 콜로새서에 따르면 그것이 예수 그리스도의 특징입니다. 콜로 1,15-20의 그리스도 찬가는 콜로새서 저자가 쓴 것은 아닌 듯하지만 그의 신학을 잘 보여 줍니다(그러니까 인용했을 것입니다). 만물이 그분 안에서, 그분을 통해서, 그분을 향하여 창조되었고, "하느님께서는 기꺼이 그분 안에 온갖 충만함이 머무르게 하셨습니다"(콜로 1,16). 우리는 머리이신 그분께 꼭 붙어 있음으로써 충만하게 됩니다.

그리스도와 함께 다시 살아난 이들의 삶

교리적인 문제는 신자들의 삶에 대한 가르침과 분리될 수 없습니다. 콜로새서에서 신자들의 처지는 그리스도와 함께 죽고 그리스도와 함께 다시 살아난 것으로 이해됩니다. 그리스도와 함께 죽은 이들은 이 세상의 것들에 지배를 받지 않습니다. "여러분은 그리스도와 함께 다시 살아났으니, 저 위에 있는 것을 추구하십시오"(콜로 3,1). 이 세상에서 자유롭다는 것은 멋대로 아무렇게나 살 수 있다는 뜻이 전혀 아닙니다. 이 세상의 다른 어떤 것에도 매이지 않고 '저 위에 있는 것'만을 추구할 수 있는 것이 콜로새서가 말하는 자유입니다.

"불륜, 더러움, 욕정, 나쁜 욕망, 탐욕"(콜로 3,5)을 죽이라는 말을 들으면, 나 자신은 그런 것들로부터 벗어나 있다고 생각하기 쉽습니다.

그러나 "분노"(콜로 3,8)에서 벗어나라 하면 조금 어려워지고, 불평할 일을 서로 참고 "주님께서 여러분을 용서하신 것처럼"(콜로 3,13) 서로 용서하라 하면 더 많이 어려워지고, 완전하게 묶어 주는 끈인 사랑을 입으라 하면(콜로 3,14) 내가 아직 그리스도와 함께 다시 살아나 새로운 삶을 사는 데에 이르지 못한 것이 아닌가 싶습니다. 그러나 우리는 이미 세례를 받았으니, 세상의 지배를 벗어났고 그리스도와 함께 다시 살아났습니다. '무늬만' 그리스도인이 아니라 '진짜' 그리스도인이라면, 우리를 새롭게 창조하신 그리스도의 모상에 따라 끊임없이 새로워져야 할 것입니다(콜로 3,10 참조).

12

테살로니카 1서: 주님의 재림

"우리 주 예수 그리스도께서 재림하실 때까지"(1테살 5,23)

테살로니카 1서는 신약성경에서 가장 먼저 작성된 책입니다. 바오로 사도가 직접 쓴 편지이고, 네 복음서보다도 훨씬 먼저 기록되었습니다. 그러니 이 편지의 특징은 아주 이른 시기 신자들의 신앙을 생생하게 보여 준다는 데에 있습니다.

> **테살로니카 교회:** 테살로니카는 큰 도로와 항구가 있는 교통의 요지였고, 부유한 대도시였습니다. 바오로 사도는 제2차 선교 여행 때에 테살로니카에 가서(사도 17,1-10) 회당에서 유다인들에게 설교했습니다. 하지만 복음을 받아들인 것은 유

다인들보다 주로 그리스인들이었고, 그들을 중심으로 신자 공동체가 형성되었습니다. 그 후 바오로는 아테네에서 티모테오를 테살로니카로 보냈고, 기쁜 소식을 전해 들은 다음 이 편지를 썼습니다(1테살 3장 참조). 연대는 51년으로 추정됩니다.

주님의 재림

바오로 사도가 테살로니카 신자들에게 적어 보낸 아름다운 인사말을 건너뛰고 바로 본론으로 가겠습니다. 이 편지에서 문제가 되는 것은 주님의 재림입니다. 우리 시대 사람들은 주님께서 다시 오시더라도 설마 내가 살아 있는 동안은 아닐 거라고 내심 생각하고 있는 듯합니다. 종말이나 주님의 재림은 먼 훗날의 일로 여깁니다. 하지만 바오로 사도가 테살로니카 신자들에게 편지를 쓰던 시대 사람들은 그렇지 않았습니다. 재림이 곧 일어나리라 믿고 있었고, 오히려 주님께서 오시기 전에 죽으면 어쩌나 걱정했습니다.

그러면 재림은 어떤 것일까요? 재림을 지칭하는 그리스어 '파루시아'(parousia)는 헬레니즘 시대에 통치자의 순시를 가리키는 말이었습니다. 우리말 '재림再臨'은 다시 오신다는 뜻이지만, 본래의 그리스어 단어에는 '다시, 두 번째'라는 의미는 들어 있지 않습니다. 신약성경에서 예수님의 파루시아를 재림이라고 옮기는 것은(마태 24,39 등) 말씀의 육화로 그분께서 이미 세상에 오셨기 때문입니다.

복음서에 따르면, 예수님께서는 하느님 나라가 가까이 왔다는 말씀으로 복음 선포를 시작하시고(마르 1,15) 마귀를 쫓아내시며 하느님의 나라가 이미 와 있다고도 선포하시지만(루카 11,20), 아직 그 나라는 완성되지 않았습니다. 그래서 마지막 때에 다시 오실 것을 약속하시며 "그때에 사람의 아들이 큰 권능과 영광을 떨치며 구름을 타고 오는 것을 사람들이 볼 것이다"(마르 13,26)라고 말씀하셨습니다. 그리고 예수님께서 하늘로 올라가시는 동안, 사도들은 흰옷을 입은 두 사람으로부터 "너희를 떠나 승천하신 저 예수님께서는, 너희가 보는 앞에서 하늘로 올라가신 모습 그대로 다시 오실 것이다"(사도 1,11)라는 말을 들었습니다. 그래서 승천 이후 신자들은 주님께서 다시 오실 것을 기다렸습니다. 시간이 흐르면서 '재림의 때'에 대한 이해가 조금씩 변화되기도 하지만, 초기 기록인 테살로니카 1서에서 신자들은 주님께서 곧 다시 오시리라고 믿고 있었습니다.

재림 이전에 죽은 이들

그런데 주님께서 떠나가신 지 이십 년이 지났는데 아직 재림이 이루어지지 않고 있습니다. 신자들은 그 사이에 죽은 이들에 대해 걱정하기 시작합니다. "주님의 재림 때까지 남아 있게 될 우리 산 이들"(1테살 4,15)이라고 말하는 바오로 사도는, 이 세대가 가기 전에 주님께서 다시 오시어 신자들을 데려가시리라고 믿었습니다. 그러면 그날을 맞이하지 못하고 죽은 이들은 어떻게 될까요? 이미 죽어 땅에 묻혔으니 주님께서 오셔도 함께하지 못하는 것이 아닐까요?

이러한 염려에 대해 바오로 사도는, "희망을 가지지 못하는 다른 사람들처럼"(1테살 4,13) 슬퍼하지 말라고 말합니다. 죽었으니 주님과 함께 있을 수 없다, 이것이 희망을 갖지 못하는 사람의 결론입니다. 여기에 바오로 사도는 부활 신앙으로 응답합니다. 주님께서 오실 때에는 죽은 이들이 먼저 다시 살아날 것입니다. 살아 있는 이들도 그들을 앞서지는 못합니다. 이렇게 믿을 수 있는 근거는 예수님의 부활입니다. 예수님을 죽음에서 되살리신 하느님께서, 죽은 신자들도 다시 살아나게 하시어 데려가실 것입니다. 부활 신앙이 있다면 신자들은 죽은 이들에 대해 염려하거나 슬퍼할 수 없습니다.

이렇게 죽은 이들이 살아난 다음, 살아 있는 이들이 "그들과 함께 구름 속으로 들려 올라가 공중에서 주님을 맞이할 것입니다. 이렇게 하여 우리는 늘 주님과 함께 있을 것입니다"(1테살 4,17). 소위 '휴거携擧'라고 하는 것이 바로 이 절을 지칭합니다. 휴거는 들어 올려진다는 뜻입니다. 그러나 여기서 '구름 속'은 탈출기에서와 마찬가지로 하느님께서 머무시는 신비로운 영역을 나타냅니다. 바오로 사도가 말하고자 하는 핵심은 '공중으로 들어 올려지는' 데에 있는 것이 아니라 '주님과 함께'라는 데에 있습니다.

재림의 때

바오로 사도는 재림의 시기에 대해서는 "여러분에게 더 쓸 필요가 없습니다"(1테살 5,1)라고 말합니다. 예수님께서도 재림의 때는 아버지만 아신다고 말씀하셨습니다(마르 13,32). 그때는 알 수 없습니다. "밤도둑처럼" 오는 그 날을 맞이하기 위하여 늘 깨어 준비하고 있어야 할 따름입니다(로마 13,11; 1코린 16,13 등). 재림의 시기를 알아내려고 애쓸 것이 아니라, 언제 주님께서 오시더라도 주님을 기쁘게 맞이할 수 있는 "빛의 자녀, 낮의 자녀"(1테살 5,5)로 사는 것이 중요합니다.

바오로 사도 이후 많은 시간이 흘렀고 사람들은 재림에 별로 관심을 갖지 않습니다. 이천 년이 지난 지금, 사람들이 관심을 갖는 것은 오직 재림의 때인 것처럼 보이기도 합니다. 온갖 시한부 종말론이 끊임없이 날짜를 바꾸어 가며 등장합니다. 복음서와 바오로 서간에서 말하는 가르침을 정면으로 거스르는 짓입니다. '그때'는 알 수 없다 했는데 모두들 '그때'에 대해서만 이야기하고, 우리가 '늘 주님과 함께 있는' 것이 종말의 핵심이라는 사실은 잊어버립니다. 오랜 시간이 지났어도, 여전히 그때는 알 수 없어도, 우리가 언제나 주님과 함께 있다는 것은 분명합니다.

테살로니카 2서: 재림을 기다리는 삶

"낙심하지 말고 계속 좋은 일을 하십시오"(2테살 3,13)

바오로 사도가 테살로니카 1서를 쓴 후 시간이 한참 흘렀습니다. 그런데 아직도 주님의 재림은 이루어지지 않고 있습니다. 재림은 더 늦어질 모양인데, 어떻게 해야 할까요?

주님의 날이 이미 왔다고 하는 이들

테살로니카 2서는 확실한 바오로 친서로 분류되지는 않지만 그래도 바오로 사도가 썼을 가능성이 꽤 큽니다. 이 편지의 많은 부분이 테살로니카 1서와 비슷한 표현을 사용하면서 전체적으로 같은 내용을 되풀이합니다.

그런데 바로 그 점이 우리에게 의문을 남깁니다. 비슷하다는 것은 무엇을 뜻할까요? 같은 저자가 썼기 때문에 두 편지가 비슷할 수도 있습니다. 그렇다면 바오로 사도가 재림이 지체되는 상황에서 이전의 편지를 보충하기 위하여 다시 이 편지를 썼다고 이해하게 됩니다.

그렇지 않다면, 다른 저자가 이 편지를 쓰면서 바오로 사도의 가르침을 충실하게 이어가기 위하여 그 편지(테살로니카 1서)를 상당 부분 그대로 사용했을 수도 있습니다. 그렇게 하는 것이 안전하다고 생각했을 수도 있을 것입니다. 이러한 경우라면 테살로니카 2서의 작성 연대를 추정하기는 더 어려워지며, 바오로 사도가 순교한 후인 1세기 말까지도 가능하게 됩니다.

어떤 경우이든 이 편지는 테살로니카 1서보다 늦은 시기를 배경으로 합니다. 제기되는 문제에도 차이가 있습니다. 테살로니카 1서와 구별되는 새로운 내용은 주로 2장에 나타납니다. "주님의 날이 이미 왔다고 말하더라도, 쉽사리 마음이 흔들리거나 불안해하지 마십시오"(2테살 2,2). 결국 테살로니카 2서의 문제는 우리 시대의 문제이기도 합니다. 1세기에나 21세기에나, 재림을 기다리는 이 기간 동안에 다른 사람들을 불안하게 하고 동요하게 만드는 이들이 있습니다.

종말의 표징

이어서 저자는 종말을 앞두고 나타나야 할 표징들을 말해 줍니다. 이 단락에서는 유다 묵시문학의 표상들을 사용하고 있어서, 해석이 어렵습니다. 유다교의 묵시문학에서는 '메시아의 적'에 대해 말하는데, 신약성경에서는 같은 맥락에서 재림 전에 나타날 '그리스도의 적'을 말합니다(1요한 2,18; 2요한 7). 테살로니카 2서는 그 '적'을 '무법자'라고 일컫습니다. 재림 이전에 먼저 배교하는 사태가 벌어지고 무법자가 나타나 신으로 자처해야 한다고 합니다. 지금은 무법의 신비가 어떤 힘에 저지되고 있지만, 그 저지하는 이가 물러나면 사탄의 작용으로 무법자가 나타나고 그다음에 비로소 예수님께서 재림하시어 그 무법자를 멸하실 것입니다.

'무법자'와 '무법자를 저지하는 이'가 어떤 존재를 가리키는지 분명히 알 수는 없습니다. 그 무법자가 사탄을 가리킨다고 생각하기도 하지만, 사탄은 이미 세상 안에 작용하고 있으니 "자기 때가 되면 나타날 것"(2테살 2,6)이라는 말이 적절하지 않습니다. 어떤 구체적 인물이라고도 생각하지만, 실제로 누구를 지칭하는 것인지는 알 수 없습니다. 아마도 그리스도인들을 박해했던 로마의 황제들 가운데 한 사람을 뜻할 수도 있습니다. 무법자를 저지하고 있는 힘은 또 무엇일까요? 교부들은 로마 제국을 뜻한다고 보기도 했고, 아직 온 세상에 복음이 전파되지 않았기 때문에 종말이 오지 않는다는 뜻으로 이해하기도 했습니다. 예수님께서 종말이 오기 전에 "먼저 복음이 모든 민족들에게 선포되어야 한다"(마르 13,10)고 말씀하셨기 때문입니다. 창조신이 괴물을 제어하고 질서를 유지한다는 신화적 표현의 영향으로 보기도 합니다. 분명한 대답을 원하셨다면 실망스러우시겠지만, 정확한 하나의 해석은 아직 없습니다. 일차적으로는 그 시대의 어떤 인물에 대해 말하고 있을 수 있지만, 더 일반적인 의미에서는 그리스도에 적대적인 어떤 세력이 움직이는 것을 뜻한다고 봅니다.

낙심하지 말고

테살로니카 2서의 핵심은 그 종말의 때가 왔다고 말하는 사람들에게 솔깃하여 당황하지 말라는 데에 있습니다. 이 사람이 무법자라고, 저것이 그 무법자를 억누르는 세력이라고 하는 말들에 흔들리지 말고, 오히려 언제 종말이 오더라도 두려워할 필요 없이 성실하게 살아가라는 것이 이 편지의 가르침입니다. "묵묵히 일하여 자기 양식을 벌어먹도록 하십시오"(2테살 3,12).

저자는 다른 이들에게 폐를 끼치지 않고자 천막 만드는 일을 했던 바오로 사도를 모범으로 제시합니다. 성실하게 자신의 삶을 살아가지 않고 종말이라고 떠들고 다니는 이들에게는, "일하기 싫어하는 자는 먹지도 말라"(2테살 3,10)고 말합니다. 이 세상이 영원한 집이 아니며 종말이 다가온다는 것을 늘 기억해야 하는 것이 그리스도인의 삶이지만, 종말을 이유로 자신의 일을 게을리하며 다른 이들에게 폐만 끼치는 사람은 종말을 올바로 준비하고 있다고 할 수 없습니다.

바오로 사도의 시대만이 아니라 그 이후 중세와 근대, 현대에 이르기까지, 종말이 다가왔다고 말하는 이들이 얼마나 잘못된 길로 **빠졌**는지 생각해 보십시오. 종말에 구원되는 것만을 위하여 살았던 많은 사람이 하느님 나라의 실현을 보지 못한 채 착각 속에서 죽어 갔습니다. 그릇된 종말론 때문에 얼마나 많은 이가 삶을 허비하고 심지어는 비극적인 죽음을 맞았는지 모릅니다. 테살로니카 2서는, 종말이 지금 오지 않더라도 "낙심하지 말고 계속 좋은 일을 하십시오"(2테살 3,13)라고 말합니다. 아버지의 나라가 오시기를 고대하며 가장 하느님의 뜻에 합당하게 오늘 하루를 사는 것, 그것이 종말을 기다리는 그리스도인의 올바른 태도입니다.

티모테오 1·2서: 사목 서간

"그리스도 예수님의 훌륭한 일꾼" (1티모 4,6)

티모테오 1서, 티모테오 2서, 티토서는 사목 서간으로 분류합니다. 이 서간들은 바오로 사도가 티모테오에게 또는 티토에게 보낸 것으로 되어 있으나, 개인적인 내용을 담은 것이 아니라 한 사목자가 다른 사목자에게 교회의 조직과 사목에 관하여 쓴 편지입니다. 바오로 사도가 직접 쓴 것은 거의 아니라고 보는데, 그렇다면 수신인도 실제로 티모테오나 티토가 아닐 것입니다. 바오로의 권위를 빌리고, 티모테오와 티토라는 알려진 인물들을 수신인으로 제시하면서, 실제로는 사목자들을 위한 권고를 담고 있습니다. 우리 시대의 사목자들에게도 분명 매우 유익한 책입니다.

티모테오

1티모 1,3에서는 바오로가 마케도니아로 가면서 티모테오를 에페소에 남겨 두었다고 말하는데, 이는 사도 19,22에서 바오로가 티모테오를 먼저 마케도니아로 보냈다는 진술과 반대됩니다. 또한 2티모 4,6-7에서 바오로는 죽음을 앞두고 있다고 말하는데, 그렇다면 이는 바오로 사도가 로마에 머물렀던 마지막 시기에 해당하겠지만, 사슬에 매여(2티모 1,17) 감옥에 갇혀 있다는 묘사는(2티모 2,9) 그 시기 바오로의 상황과 일치하지 않습니다. 티토 1,5에서 바오로가 티토를 크레타에 남겨 두었다는 것 역시, 바오로 친서나 사도행전에서는 바오로가 크레타에 갔다는 기록이 없기 때문에 의심스럽습니다. 결국, 정도의 차이는 있어도 세 편지 모두 바오로, 티모테오, 티토에 대한 정확한 정보를 주지는 않습니다.

그럼 티모테오는 누구일까요? 사도 16,1에 따르면 그는 소아시아의 리스트라에 살았고, 아마도 바오로 사도의 제1차 선교 여행 때에 바오로를 알게 되어 제2차 선교 여행에 함께 간 것으로 보입니다. 바오로는 에페소에서 코린토 신자들에게 티모테오를 보낸 적이 있고(1코린 4,17) 티모테오는 코린토 교회의 상황에 대해 바오로에게 보고했습니다. 그 밖에도 바오로 사도가 테살로니카 1서, 코린토 2서, 로마서, 필리피서 등 여러 편지를 쓸 때에 티모테오가 그와 함께 있었던 것으로 나타납니다. 필리 2,22에서 바오로는 티모테오가 자신의 아들과 같다고 말하며, 자신과 함께 신자들을 성심껏 돌보는 티모테오를 칭찬합니다.

이러한 기록들을 토대로 1티모 1,2에서도 "믿음으로 나의 착실한 아들이 된 티모테오"라는 표현이 나오게 됩니다(2티모 1,2도 참조). 티모테오는 안수로 은사를 받았고(1티모 4,14; 2티모 1,6) 할머니와 어머니에게 물려받은 신앙을 지니고 있었습니다(2티모 1,5).

사목자의 임무

티모테오에게 보낸 편지들을 공부할 때 주로 논의되는 것은 편지에 언급된 교회의 직무입니다. 바오로 친서는 아니라 해도 편지가 1세기 말에 작성되었다면, 매우 이른 시기의 교회 제도가 어느 정도 확립되었는지 편지를 통해 알아볼 수 있기 때문입니다. 하지만 우리는 그 문제는 딱 한 줄로 끝내겠습니다. 편지에는 '감독, 원로, 봉사자'가 나옵니다. 일단 여기까지만 해 둡니다. 저자는 오늘날 우리에게 당시 교회의 직무들에 대해 설명하려는 것이 아니라, 이러한 직무를 이미 알고 있는 당시 사람들에게 그 직무를 어떻게 수행해야 할 것인지를 말하고 있기 때문입니다.

안수로 직무를 받은(1티모 4,14) 교회 지도자들은 우선 신자들에게 신앙을 가르치는 역할을 합니다. 교회를 위협하는 그릇된 가르침의 문제가 이미 등장한 상황에서, 서간은 사목자에게 신자들이 "양심이 마비된 거짓말쟁이들의 위선"(1티모 4,2)에 넘어가지 않도록 지킬 책임이 있음을 일깨웁니다. 이를 위해서 "성경 봉독과 권고와 가르침에 열중"(1티모 4,13)해야 하고, 복음을 전하기 위하여 온갖 수고를 감수했던 바오로 사도의 본보기를 따라야 합니다. 바오로는 이미 달릴 길을 다

달렸고 주님께서 주실 의로움의 화관을 기다리고 있으니"(2티모 4,7-8 참조) 이제는 그의 뒤를 이은 다른 사목자들이 그 역할을 해야 합니다. "그대는 인정받는 사람으로, 부끄러울 것 없이 진리의 말씀을 올바르게 전하는 일꾼으로 하느님 앞에 설 수 있도록 애쓰십시오"(2티모 2,15).

사목자의 자격

정통 교리를 지키는 것은 교회 지도자에게 물론 중요합니다. 하지만 그것이 전부는 아닙니다. 감독 직분을 맡을 사람은 술꾼이나 난폭한 사람이 아니어야 하고, 돈 욕심이 없고, 자기 집안을 잘 이끄는 사람이어야 하며, 교회 바깥 사람들에게도 좋은 평판을 받아야 합니다(1티모 3,1-7). 봉사자 역시 품위가 있고 부정한 이익을 탐내지 않으며 흠잡을 데가 없어야 합니다(1티모 3,8-13). 쉬운 일이 아닙니다. 자신의 신심을 단련해야 하고 "더욱 나아지는 모습이 모든 사람에게 드러나도록"(1티모 4,15) 해야 합니다. 신자들을 존중해야 하고(1티모 5,1-2) 속된 망언과 청춘의 욕망을 피하며 모든 사람에게 친절하고 참을성이 있어야 합니다. "주님의 종은 싸워서는 안 됩니다"(2티모 2,24). 덕에 있어서도 매우 훌륭하고 사심이 없으며 신자 아닌 사람들에게도 존경받을 수 있어야 한다는 것입니다.

진리를 수호하면서 흠 없이 살아가고 신자들을 존중하는 것, "하느님의 사람"이라고 불리기에 부족함이 없도록 "의로움과 신심과 믿음과 사랑과 인내와 온유"를 추구하는 것(1티모 6,11). 과연 이렇게 할 수 있는 사람이 있을까 싶을 만큼 고귀한 사목자의 모습을 제시하는 이 편지는, 사목자가 다른 사목자들에게 하는 권고들입니다. 사목자들은 이를 거울삼아 자신을 살펴보아야 할 것입니다. "내 안수로 그대가 받은 하느님의 은사를 다시 불태우십시오"(2티모 1,6). 그 안수와 은사에 힘입어서만, 사목 서간에서 말하는 바와 같이 올바른 사목자가 될 수 있을 것입니다.

교계제도의 기원: 2세기 초, 안티오키아의 이냐시오는 자신의 저서에서 감독, 원로, 봉사자를 분명하게 구별합니다. 사목 서간들에서는 아직 그 구분이 모호합니다. 그러나 신약성경에서 감독, 원로, 봉사자로 번역되는 그리스어 단어들은 각각 후대에 주교, 신부, 부제를 뜻하는 단어의 기원이 됩니다.

티토서: 건전한 가르침

"우리 구원자이신 하느님의 가르침을 빛내게 하십시오"(티토 2,10)

티토서도 사목 서간이고, 다른 저자가 바오로 사도의 이름으로 사목자들과 관련된 내용을 쓴 것입니다. 이 편지 역시 실제로 티토에게 쓴 것은 아니라고 생각됩니다. 바오로 사도가 사목자에게 권고할 수 있는 권위를 대표한다면, 티토는 그러한 권고를 받는 사목자를 대표한다고 하겠습니다. 그러니 자연히 내용은 티모테오 1·2서와 유사한 점들이 있습니다.

티토

티토서에서 티토에 대해 하는 말 역시 티모테오 1·2서에서 티모테오에 대해 하는 말과 거의 같습니다. "같은 믿음에 따라 나의 착실한 아들이 된 티토"(티토 1,4). 그러니 이 편지의 권고들은 아버지가 아들에게 하듯이 권위와 사랑으로 전하는 말입니다.

티토는 바오로 친서에 여러 차례 언급됩니다. 바오로는 예루살렘 사도 회의 때에 바르나바와 티토를 데리고 갔습니다(갈라 2,1-3). 또한 티토는 바오로와 충돌이 있었던 코린토 신자들 사이에서 중간 역할을 합니다(2코린 7장 참조). 코린토 신자들이 예루살렘 교회를 위하여 마련해 둔 헌금을 가져오기 위해서 바오로는 티토를 보내기도 합니다(2코린 8,18).

하지만 바오로 사도가 티토를 크레타에 남겨 두어 원로들을 임명하도록 했다는 티토 1,5은 친서의 기록과는 충돌합니다. 바오로 사도가 크레타 섬에서 활동했다는 말이 없기 때문입니다. 그러니 사실상 이 편지는, 바오로 사도가 세우지도 않았고 방문한 일도 없는 공동체의 사목자에게도 그대로 적용될 수 있는 가르침입니다.

올바른 가르침

티모테오에게 보낸 편지에 신자들이 거짓된 가르침에 빠지지 않도록 지키라는 말이 나왔습니다. 비슷한 내용이 티토서에도 나타납니다. 사목자는 "가르침을 받은 대로 진정한 말씀을 굳게 지키는 사람"으로서 반대자를 꾸짖으며 신자들에게 건전한 가르침을 전해 줄 수 있어야 합니다(티토 1,9).

우리는 신약 종주를 하면서도 그릇된 가르침들을 이미 여러 번 만났습니다. 교회 역사에서 어느 시대에나 있었던 그릇된 가르침의 문제는 아주 이른 시기부터 있었고, 이러한 오류들을 분별하는 과정에서 그리스도교 교리와 신학이 확립되어 갑니다. 여기서 사목자들은 "하느님의 관리인"(티토 1,7)으로서 분명한 기준을 가지고 신자들에게 무엇이 진리인지를 알려 주어야 합니다.

티토서에 나타난 오류도 여러 가지입니다. 저자는 크레타 사람들이 언제나 거짓말쟁이라는 말을 인용하면서, 특히 유다인들 가운데 남을 속이는 이가 많다고 말합니다. 티토 1,14에서는 "유다인들의 신화"에 정신을 팔지 말라고 하는데, 이것은 성경 밖에서 전해지던 유다인들의 여러 이야기를 지칭할 수도 있고, 당시 유다교의 영향으로 생겨나고 있던 영지주의적인 학설들을 가리킬 수도 있으며, 유다교와 그리스도교를 혼동하는 혼합주의를 뜻할 수도 있습니다. 실제로 그 잘못된 가르침들의 경계가 칼로 자르듯이 명확하게 나누어지는 것도 아닙니다. 바오로 친서들에서 이미 확인했듯이 그리스도교인들 특히 복음을 받아들인 이교인들에게 유다교의 율법을 요구하는 시도는 계속되었고, 티토서의 저자는 유다인들을 특별히 언급하고 있으며, 영지주의 역시 유다교와 무관하지 않기 때문입니다.

하느님을 안다고 주장하더라도

티토 1,10-16에 나타나는 특징에서 먼저 교리적인 요소를 찾아본다면, 잘못된 가르침을 전하는 이들은 계명을 강조하며 정결한 것과 부정한 것을 구별합니다. 그들이 유다교의 율법을 지키도록 요구했을 수도 있고, 다른 기준을 만들었을 수도 있습니다. 이에 대해 저자는,

"깨끗한 사람들에게는 모든 것이 깨끗합니다"(티토 1,15)라는 말로 대응합니다.

그런데 교리만 문제가 되는 것이 아닙니다. 그들이 '가르쳐서는 안 되는 것까지 가르치는' 이유가 무엇일까요? 저자는 분명하게 "부정한 이익을 얻으려는" 것이라고 말합니다(티토 1,11). 진리를 식별하는 데에 매우 유용한 기준입니다. 법정에서 증언할 때, 어떤 사람이 그 증언으로 이득을 얻는다면 그의 증언은 의심스럽습니다. 자신의 이득을 위해 거짓말을 할 수 있기 때문입니다. 참된 가르침과 거짓된 가르침을 알아보는 데 있어서도 가르치는 사람이 뭔가 이익을 얻으려 하는 것이 보인다면 의심할 일입니다.

"그들은 하느님을 안다고 주장하지만 행동으로는 그분을 부정합니다"(티토 1,16)라는 구절에서는 영지주의의 영향이 살짝 느껴집니다. 하느님을 안다면, 어떤 특별한 깨달음으로 신비로운 지식을 얻었다면 그것으로 구원되는 것이고 행동은 어떻게 해도 상관없다는 생각이 바탕에 깔려 있기 때문입니다. 이것 역시 그릇된 가르침을 알아보는 기준입니다. 순종하지 않고 선행을 하지 않는다면, 그런 사람은 자신의 삶으로 하느님을 부정하는 것입니다.

그렇다면 진리를 수호하는 사목자들과 신자들은 어떻게 살아야 할까요? 티토서 곳곳에는 교훈적인 가르침이 여럿 나옵니다. 티모테오서와 유사하게, 사목자는 흠잡을 데가 없고 쉽게 화를 내지 않고 거룩하고 하느님의 말씀을 지켜야 한다고 가르칩니다(티토 1,5-9). 신자들도 믿음과 사랑과 인내를 지니고 기품이 있어야 합니다. 이러한 삶이 뒤따를 때, 우리 구원자이신 하느님의 가르침을 빛낼 수 있습니다(티토 2,1-10). 거짓 가르침을 따르는 사람들뿐만 아니라 정통 교리를 따르는 신자도, 하느님을 안다고 하면서 행동으로는 하느님을 부정할 수 있습니다(티토 1,16 참조).

올바른 가르침과 그릇된 가르침을 식별하는 일은 교회 안에서 끊임없이 계속됩니다. 이와 더불어, 우리의 삶과 행동에 대해서도 끊임없이 성찰해야 합니다.

필레몬서: 그리스도인의 형제애

"나를 맞아들이듯이 그를 맞아들여 주십시오"(필레 17절)

신분제도가 있었던 고대사회에서, 바오로는 필레몬에게 오네시모스라는 종에 관하여 편지를 써 보냅니다. 종말을 기다리는 그리스도인은 어떻게 사회적 관계를 맺고 살아갈까요?

필레몬과 오네시모스

필레몬서는 바오로 사도가 직접 쓴 편지이고, 필레몬이라는 한 개인에게 보낸 편지입니다. 필레몬의 집에 모이는 교회에도 인사를 전하기는 하지만, 편지 내용은 처음부터 끝까지 개인적입니다. 말하자면 신약성경의 다른 편지들과 달리 상당히 사적인 편지입니다.

바오로 사도가 필레몬에게 "나에게 빚을 진 덕분에 지금의 그대가 있다는 사실"(필레 19절)을 넌지시 말하는 것을 보면, 아마도 바오로가 그에게 복음을 전했던 것 같습니다. 그리고 "그대의 집에 모이는 교회"(필레 2절)라는 표현은 초기 그리스도교에서 아직 교회 건물이 건축되기 전에 신자 가정에 모이던 관습을 가리킵니다. 우리 주변에도 연세 드신 분들 중에는 "나 어렸을 때 우리 집이 공소였어"라고 말하는 분들이 가끔 계시지요? 비슷하게 상상하면 될 것 같습니다. 그러니 필레몬은 웬만큼 큰 집도 갖고 있고, 신자 공동체에서 중요한 역할도 했을 사람입니다. 물론 그 시대의 관습대로, 필레몬에게는 종도 있었습니다.

오네시모스는 필레몬의 종이었습니다. 어떻게 된 일인지 잘 알 수는 없어도, 오네시모스가 필레몬의 집에서 도망쳐 감옥에 있는 바오로를 찾아왔습니다. 바오로는 그를 "옥중에서 얻은 내 아들"(필레 10절)이라고 말합니다. 바오로는 오네시모스에게도 복음을 전했던 것이지요. 바오로는 자신이 옥중에 있는 동안 그를 곁에 두려는 생각도 있었으나 "내 심장과 같은 그를"(필레 12절) 필레몬에게 돌려보냅니다.

여기서 바오로는 오네시모스를 돌려보내며 필레몬에게, 이제 그를 종이 아니라 "사랑하는 형제로"(필레 16절) 받아들이라고 말합니다. 오네시모스가 빚진 것이 있다면 자신이 갚겠다고 합니다. 어쩌면 오네시모스가 주인에게 어떤 손실을 입히고는 두려워서 도망쳤는지도 모르지요. 하여튼 바오로 사도는 필레몬에게 명령을 하지는 않으면서도, 필레몬이 자신의 요청을 거절할 수 없게 만듭니다.

종

이제는 고대의 신분제도에 대한 바오로 사도의 태도를 짚어 볼 차례입니다.

그 태도는 양면적입니다. 한편으로 바오로는 당시의 일반적인 사회 질서를 근본적으로 문제 삼지 않는 것으로 보입니다. 아니 어쩌면 그가 신분제도 자체를 문제 삼기를 바란다는 것은 시대착오적인 생각인지도 모릅니다. 물론 예수님께서 선포하신 하느님 나라의 복음은 큰 새로움을 가져옵니다. "새 포도주는 새 부대에"(루카 5,38). 하지만 복음은 인간의 문화 안에서 전파되며, 한순간에 모든 것이 바뀌지는 않습니다. 복음의 가치는 역사 안에서 점차로 실현됩니다. 지금과 다른 시대의 사람들을 우리 시대의 기준으로 판단할 수는 없습니다.

바오로 사도가 곧 종말이 오리라고 기다리고 있었다는 점도 고려해야 합니다. 그에게는 이 세상의 제도를 바꾸는 것이 그렇게 절박한 일은 아니었을 것입니다. 그는 "세상을 이용하는 사람은 이용하지 않는 사람처럼 사십시오. 이 세상의 형체가 사라지고 있기 때문입니다"(1코린 7,31)라고 말합니다. 바오로는 곧 다가올 종말을 기다리는 '임시'의 삶을 살고 있었습니다.

형제

그러나 다른 한편으로, 바오로는 오네시모스를 종으로서 주인에게 다시 돌려보내지도 않습니다. "이제 그대는 그를 더 이상 종이 아니라 종 이상으로, 곧 사랑하는 형제로 돌려받게 되었습니다"(필레 16절). 필레몬은 오네시모스에 대한 소유권을 갖고 있고, 법에 따라 처리한다면 분명 오네시모스를 벌할 수도 있었을 것입니다. 바오로 사도도 필레몬에게 오네시모스를 어떻게 대하라고 강요할 수는 없었습니다. 하지만 이런 한계 안에서도 바오로는 필레몬에게, 그를 형제로 받아들이라고 말합니다.

바오로 사도는 다른 기회에도 세례를 받은 신자들에게 이제 "유다인도 그리스인도 없고, 종도 자유인도 없으며, 남자도 여자도 없습니다. 여러분은 모두 그리스도 예수님 안에서 하나입니다"(갈라 3,28)라고 말했습니다. 그러나 남자는 남자이고 여자는 여자입니다. 유다인은 유다인이고 그리스인은 그리스인입니다. 그리스도인도 인간 사회에서 살아가기에, 삶의 조건과 사람들 사이의 관계가 세례를 받는다고 해서 외적으로 크게 변화되지는 않을 수 있습니다. 하지만 신앙은 서로 다른 신분에 속하는 사람들을 형제로 묶어 줍니다. 오네시모스가 필레몬의 종이었다 해도, 혹시 앞으로도 계속 종의 신분을 유지한다 해도, 그가 주인에게서 도망쳤다가 잡혀 왔다 해도, 오네시모스는 필레몬의 형제입니다. 바오로 사도는 필레몬서에서 사회제도를 개혁하고 신분제도를 타파해야 한다고 말하지는 않지만, 사회제도 안에서 이루어지는 관계를 신자들 사이의 형제애로 극복하도록 이끕니다. 이것이 필레몬서가 보여 주는 이 세상의 질서에 대한 그리스도인의 태도입니다.

예수님은 우리에게 아버지는 하느님뿐이시고 스승님은 그리스도 한 분뿐이시며 우리는 모두 형제라고 말씀하십니다. 그러니 스승이라고 불리지 말고, 이 세상 그 누구도 아버지라고 부르지 말라고 하셨습니다(마태 23,8-10 참조). 신자들이 서로를 '형제님' 또는 '자매님'이라고 부르는 말이 빈말이 되지 않도록, 진심으로 내가 다른 사람 위에 있는 것이 아니라 그리스도 안에서 모두가 형제임을 인식하며 살아야 하겠습니다.

히브리서 입문

"이 격려의 말을 잘 받아들이기 바랍니다"(히브 13,22)

신약성경 안에 배치된 순서도 필레몬서 다음이고, 다른 어떤 사도를 저자로 내세우지도 않기 때문에 이 자리에서 다른 바오로 서간들과 함께 다루기는 하지만, 히브리서는 정말 독특한 책입니다. 편지라고 단정할 수도 없고, 저자와 수신인이 누구인지도 본문에 표시되어 있지 않고, 작성 연대와 작성 장소도 불분명한, 거의 신원 불명의 책입니다.

바오로 사도가?

라틴어로 된 신약성경에는 이 책의 제목이 "바오로 사도가 히브리인들에게 보낸 편지"로 되어 있습니다. 하지만 이것이 바오로 사도가 보낸 것인지, 히브리인들에게 보낸 것인지, 편지이기는 한 것인지 모두 의심스럽습니다.

바오로 친서는 물론이고 바오로계의 다른 서간들은(에페소서, 콜로새서 등) 모두 발신인이 바오로 사도로 되어 있고, 책의 첫머리에서 바오로 사도의 이름으로 어떤 교회의 신자들에게 또는 어떤 개인에게(필레몬서) 인사합니다. 하지만 히브리서 본문에는 바오로 사도가 전혀 나타나지 않습니다. 그러니 이 책은 가명으로 쓰인 것이 아니라 저자가 익명으로 되어 있는 책입니다.

내용으로 보아서도 이 책은 바오로 사도가 쓴 것으로는 보이지 않습니다. 일부 주제는 바오로 친서들과 공통점이 있지만, 특히 예수님을 대사제로 제시하는 히브리서의 중심 사상은 바오로 친서의 신학과는 거리가 있습니다. 또한 히브리서는 바오로가 대단히 중시하는 그리스도의 부활을 거의 언급하지 않습니다(히브 13,20에서만 언급).

이러한 이유들로 인해 히브리서의 저자는 일찍부터 문제가 되었는데, 동방 교회에서는 대개 바오로를 저자로 여겼고 서방 교회에서는 대체로 바오로를 저자로 여기지 않는 편이었습니다. 그래서 초기에는 경전성도 의문시하였으나, 동방 교회의 영향을 받아 4세기에는 서방 교회도 바오로 사도를 저자로 보고 분명하게 경전으로 여겼습니다. 하지만 17세기 이후로는 가톨릭과 개신교 모두가 바오로 사도를 저자로 인정하지 않습니다. 그럼 누가 저자일까요? 알 수 없습니다. 저자는 유다인으로서 유다교 전통에 매우 친숙하고, 그러면서도 헬레니즘 시대의 수사학을 능숙하게 사용하고 70인역 구약성경을 사용한다는 정도만을 말할 수 있습니다.

작성 연대도 추정하기 어렵습니다. 성전 예식과 사제직을 말한다는 점에서 기원후 70년의 성전 파괴 이전이라고 보기도 하고, 아니면 실제로는 성전이 아니라 광야의 성막에 대해 말하고 있으니 오히려 성전이 파괴된 이후라고 보기도 합니다.

히브리인들에게 쓴 편지?

2세기 말부터 이 책에 "히브리인들에게"라는 제목이 나타나기 시작합니다. 이전에는 제목이 없었던 것 같습니다. 책에서 수신인을 밝히고 있지도 않습니다.

내용을 보면 수신인이 히브리인들이라고 여길 법도 합니다. 대사제직이라는 주제, 모세와 그리스도의 비교 등은 구약성경을 알고 있는 히브리인들이 쉽게 이해할 수 있는 내용입니다. 유다교를 그리워하며 되돌아가려 하는 이들에게 대사제 예수 그리스도께서 맺어 주신 새 계약의 탁월성을 보여 줌으로써 그들을 설득하려 한다고도 이해할 수 있습니다. 물론 다른 의견도 있습니다. 양편의 주장 모두, 의심의 여지없이 확실하게 증명할 수는 없습니다. 유다교 출신이든 이교 출신이든, 수신인들은 그리스도교 신앙을 받아들인 지 오래되었으나 아직 신앙의 초보 단계에 머물고 있습니다. 저자는 처음의 열성이 식어 가고 있던 신자들의 신앙을 독려하려 합니다.

그러면, 히브리서는 편지일까요? 그나마도 분명치 않습니다. 저자와 독자 문제에서 본 바와 같이, 이 책의 서두에는 발신인이 수신인에게 보내는 인사가 없습니다. 서간의 모습을 보이는 부분은 끝인사뿐입니다. 그 부분을 빼고 나면, 꼭 편지라고 해야 할 이유마저 없어집니다. 바오로 사도의 다른 서간들처럼 특정한 개인이나 공동체의 상황에 대해 관심을 보이지도 않습니다. 그러니 어쩌면 히브리서는 본래 서간이 아니었을지도 모릅니다.

논고와 격려

그러면 이 글의 종류를 무엇이라고 보아야 할까요? 이에 대해서도 크게 두 가지 의견이 있습니다.

첫째는, 신학 논고라는 성격을 강조하는 입장입니다. 이 견해는 3-10장(특히 7-10장)이 이 책의 중심이라고 여겨 히브리서가 특히 그리스도의 사제직에 대한 책이라고 봅니다. 말하자면, 신약성경의 다른 책들에는 잘 나타나지 않는 독특한 그리스도론을 펼치는 책이라는 것입니다.

둘째는, 신학적인 내용보다 이 책의 마지막 부분(특히 11-12장)에 중점을 두면서 이 책이 신자들에게 굳은 신앙을 권고하는 설교라고 보는 견해입니다. 저자는 '우리', '여러분'이라는 표현을 자주 사용합니다. 이것은 청중을 향한 설교에서 사용되는 단어이지요. 그리고 저자는 자신이 글을 쓰고 있다고 말하지 않고 언제나 '말한다'고 합니다. 이러한 견해를 따르는 이들은 "형제 여러분, 이렇게 간단히 적어 보내니 이 격려의 말을 잘 받아들이기 바랍니다"라는 히브 13,22의 말에 주목합니다. 이 책의 내용이 전체적으로 신자들을 격려하는 말이라고 보는 것입니다.

우리는 이 두 가지 견해 가운데 하나를 선택하지 않고, 히브리서의 앞부분에 나타난 그리스도론과 뒷부분에 나타난 권고를 각각 따로 살펴보겠습니다. 히브리서에는 가끔 우리가 아는 구절들이 나타나기도 하지만, 전체적인 큰 틀은 익숙하지 않은 편입니다. 낯선 경치가 나타났으니, 여기에는 좀 더 머물러 있어도 좋을 듯합니다.

히브 1-10장: 대사제 그리스도

"그리스도께서는 새 계약의 중개자이십니다"(히브 9,15)

정확히 말해서 '사제'는 주교와 신부만을 가리키고 부제는 포함되지 않는다는 사실을 아십니까? 이유도 아십니까? 주교와 신부는 미사라는 제사를 바칠 수 있고 부제는 제사를 바칠 수 없기 때문입니다. '제사를 바치는 사람', 이것이 '사제'라는 단어의 본래 뜻입니다. 히브리서에서 예수님을 대사제라고 하는 것은 그분께서 당신 자신을 바치신 것을 제사로 이해한다는 의미입니다.

자비롭고 충실한

신약성경에서 예수님을 사제라 일컫는 경우는 거의 없습니다. 히브리서에서도 말하듯이 예수님은 유다 지파 출신으로서 사제 가문과 아무런 연관이 없고(히브 7,14) 사제로 임명되거나(히브 8,3-4) 성전의 예식에서 사제 직무를 수행하신 일이 없습니다. 그런데도 히브리서는 예수님을 대사제라 부르면서, 이로써 하느님과 인간 사이에서 계약의 중개자 역할을 하시는 예수님의 위치를 설명합니다.

히브리서에서는 먼저 1-2장에서 예수님께서 "천사들보다 뛰어난 이름"(히브 1,4)을 받으셨다고 한 다음, 히브 2,17에서 그분을 자비롭고 충실한 대사제라고 말합니다. 이어서 히브 3,1-4,14에서는 그리스도의 충실하심, 곧 "하느님을 섬기는 일에 충실"(히브 2,17)하신 그리스도와 하느님의 긴밀한 관계를 말하고, 히브 4,15-5,10에서는 그분의 자비, 곧 "모든 점에서 형제들과 같아지셔야"(히브 2,17) 했던 그분과 인간의 결속을 말합니다. 그리스도를 대사제라고 지칭하는 것은 바로 이렇게 그리스도께서 한편으로는 하느님, 다른 한편으로는 형제들과 깊이 결합되어 중개자 역할을 하시기 때문입니다.

'자비로운 대사제'라는 측면에서 특히 강조되는 것은 예수님께서 모든 면에서 우리와 똑같이 유혹을 받으시어, 우리의 연약함을 함께 겪으셨다는 점입니다(히브 4,15 참조). "예수님께서는 아드님이시지만 고난을 겪으심으로써 순종을 배우셨습니다"(히브 5,8). 그분은 이 세상에 사시는 동안 다른 사람들과 마찬가지로 인간적인 약점을 짊어지셔야 했습니다. 그러나 죄는 짓지 않으셨기에 아론 계통의 대사제들처럼 자신의 죄를 위하여 제물을 바칠 필요는 없었습니다. 그럼에도 불구하고 당신의 형제들인 인간의 죄를 위하여 죽기까지 순종하심으로써 "당신께 순종하는 모든 이에게 영원한 구원의 근원이"(히브 5,9) 되셨습니다. A. 바누아(Vanhoye)는 이러한 예수님의 사제직이 "가장 연약하고 시련을 받는 사람들을 도와주기 위하여 그들의 운명을 받아들이고, 그들이 고통과 죽음의 구렁에서 빠져나올 수 있는 길을 열어 주기 위하여 그들과 함께 구렁 속으로 내려가는 것"이라 말합니다.

새 계약의 대사제

8-10장에서는 구약 율법에 따른 옛 사제직과 예수 그리스도의 사제직을 여러 측면에서 비교하면서, 새 계약의 우월성을 설명합니다.

먼저 제사를 바치는 장소에 있어서 구약의 사제들은 지상의 성소에서 제사를 바쳤지만 예수님은 하늘에 올라 하느님의 어좌 오른쪽에 앉으시어 "사람이 아니라 주님께서 세우신 성소와 참성막에서"(히브 8,2) 당신의 사제 직무를 수행하십니다. 모세가 지상에 세웠던 성막은 "하늘에 있는 성소의 모상이며 그림자"(히브 8,5)입니다. 시나이산에서 맺어진 옛 계약은 새 계약으로 대치됩니다. 저자는 하느님께서 새 계약을 약속하시는 예레 31,31-34을 인용하면서, 옛 계약이 불완전했으며 예수님은 "더 나은 약속을 바탕으로 세워진 더 나은 계약의 중개자"(히브 8,6)이시라고 말합니다.

그러면 옛 계약과 새 계약의 결정적 차이가 무엇이기에 새 계약이 더 완전하다고 하는 것일까요? 옛 계약에도 성소가 있고 제사가 있었습니다. 그 성소 안에서 사제들이 짐승의 피를 뿌리며 제사를 바쳤지만 "그것들이 예배하는 이의 양심을 완전하게 해 주지는 못합니다"(히브 9,9). 그러나 예수님은 사람들을 죄에서 속량하시기 위하여 짐승의 피가 아니라 흠 없는 당신 자신의 피를 바치셨고, 그 피로 우리의 양심을 깨끗하게 해 주셨습니다. 그리스도께서는 "많은 사람의 죄를 짊어지시려고 단 한 번 당신 자신을 바치셨습니다"(히브 9,28). 단 한 번 당신 자신을 제물로 바치심으로써 모든 죄를 없애신 것입니다.

"당신께서는 제물과 예물을 원하지 않으시고 오히려 저에게 몸을 마련해 주셨습니다. … 보십시오, 하느님! 두루마리에 저에 관하여 기록된 대로 저는 당신 뜻을 이루러 왔습니다"(히브 10,5-7). 히브리서 저자는 시편 40,7-9의 말씀을 예수님의 입에 담아 놓습니다. 율법에 따라 사제들이 계속해서 제사를 바쳐도 그것이 인간을 죄로부터 해방하지 못했기에 하느님께서 예수님을 통하여 제물로 바칠 몸을 마련해 주셨고, 예수님은 그 몸을 지니고 이 세상에 오셨습니다. 아버지의 뜻에 따라 당신 몸을 제물로 바치심으로써 인간을 구원하기 위해서였습니다. 그분께서 한 번 당신 자신을 바치심으로써, 이제 더 이상 다른 제사는 필요하지 않게 되었습니다. 완전한 제사가 이미 바쳐졌고, 우리는 그 제사를 통하여 죄를 용서받았습니다.

요즘은 '미사성제'라는 표현을 잘 사용하지 않는 것 같습니다. 미사가 잔치이며 식사라는 측면이 강조되면서, 제사라는 측면은 약화된 듯합니다. 그러나 예수님께서 당신 몸과 피를 바치신 십자가가 제사라면 미사도 제사입니다. 미사는 그 십자가와 별개가 아닌, 그 십자가의 제사를 재현하는 성사이기 때문입니다.

《가톨릭 교회 교리서》 1365항: "성찬례는 그리스도의 파스카를 기념하는 것이므로 희생제사이기도 하다. 성찬례가 지닌 제사적 성격은 성찬 제정 말씀, 곧 '이는 너희를 위하여 내어 주는 내 몸이다', '이 잔은 너희를 위하여 흘리는 내 피로 맺는 새 계약이다'(루카 22,19-20) 하신 말씀에 나타나 있다. 그리스도께서는 십자가 위에서 우리를 위해 내어 주신 바로 그 몸과, '죄를 용서해 주려고 많은 사람을 위하여 흘리는 피'(마태 26,28)를 성찬례에서 주신다."

히브 11-13장: 믿음의 생활

> "믿음은 우리가 바라는 것들의 보증이며
> 보이지 않는 실체들의 확증입니다"(히브 11,1)

믿음으로 목숨을 바친 이들이 많습니다. 어려움 속에서도 믿음에 의지하여 살아가는 이들도 많습니다. 믿음이란 확실한 것일까요? 밝은 불빛처럼 명확한 것일까요?

믿음과 희망

다른 서간들에서 그렇듯이 히브리서의 끝부분에도 신자들을 위한 권고가 들어 있습니다. 이 권고의 핵심은 '믿음'입니다. 저자는 10장의 마지막 부분에서 그리스도의 사제직에 대한 긴 설명을 마무리하면서, 대사제이신 예수님께서 성소의 휘장을 열고 우리에게 그 안으로 들어갈 길을 열어 주셨으니 "진실한 마음과 확고한 믿음을 가지고 하느님께 나아갑시다"(히브 10,22)라고 말합니다. 신자들이 처음에 지녔던 열렬한 신앙이 약해지는 것을 보면서, 저자는 약속된 것을 얻기 위한 인내를 권고합니다. 우리는 "믿어서 생명을 얻을 사람"입니다(히브 10,39).

> **핵심 단어 예고:** 한 단락이 끝날 때 다음 단락의 핵심 단어를 예고하는 것은 히브리서 전체에서 나타나는 특징입니다. 1,4에 나오는 '이름', 2,17에 나오는 '충실하고 자비로운 대사제'도 그러한 예입니다.

이제부터 계속 믿음에 대해 말하기 위하여, 11장의 첫머리에서 먼저 믿음이 무엇인지를 밝힙니다. 이 구절은 《가톨릭 교회 교리서》 146항에도 인용된 믿음의 정의이지만, 실제로는 그리스어 본문을 우리말로 옮기기가 쉽지 않습니다. 우리말 번역본들을 대조하면 다음과 같습니다. 《성경》은 "믿음은 우리가 바라는 것들의 보증이며 보이지 않는 실체들의 확증입니다"라고 번역하였고, 《공동번역 성서》는 "믿음은 우리가 바라는 것들을 보증해 주고 볼 수 없는 것들을 확증해 줍니다"라고 번역하여 크게 다르지 않습니다. 《200주년 신약성서》에서는 "믿음은 바라는 것들의 실상이고 보이지 않는 사물의 근거입니다"라고 번역하였습니다.

먼저 '보증'이라고 번역된 그리스어 단어 '히포스타시스'(hypostasis)는 '확인, 보증'이라는 뜻과 함께 '본성, 본질'이라는 뜻도 지니고 있어서, 라틴어로는 '수브스탄시아'(substantia)로 번역되었습니다. '본성, 본질'이라는 의미의 hypostasis는 삼위일체론에서 자주 나오는 단어이고, 히브 1,3에서도 같은 단어가 '본질'로 번역되어 있습니다. 요한 크리소스토모, 아우구스티노 등은 이 두 번째 의미에 따라서, 믿음이 우리가 희망하는 영적인 것들을 우리 안에 존재하게 해 준다고 설명하였습니다. 《200주년 신약성서 주해》에서는, 믿음이 "보이지 않는 사물의 실제 모습을 그대로 반영하는 실상"이라고 설명합니다. 그러나 니사의 그레고리오 등은 첫 번째 의미인 '보증'으로 해석하며, 《성경》도 이를 따릅니다. 한편 '확증'으로 번역된 '엘렝코스'(elenchus)는 객관적 의미의 '증거, 확증' 외에 주관적인 '확신'이라는 뜻도 지니고 있습니다.

무엇이 우리의 희망을 보증해 줄 수 있을까요? 우리가 어떤 것을 바랄 수 있고, 보이지 않는 것을 실제로 있다고 여길 수 있는 토대는 무엇일까요? 객관적 증거라는 것은 어쩌면 결국 없을지도 모르겠습니다. 아무도 부인할 수 없는 객관적 증거라는 것은 믿음이나 희망과 병립할 수 없습니다. 모든 것을 다 알고 있다면 믿음이 들어갈 자리는 없습니다. 사도 바오로는 "보이는 것을 희망하는 것은 희망이 아닙니다. 보이는 것을 누가 희망합니까?"(로마 8,24)라고 말했지요. 결국 우리에게, 보이지 않는 미래의 것을 희망하며 기다릴 수 있게 하는 것이 곧 믿음입니다.

믿음의 증인들

이어서 구약의 많은 인물이 믿음의 모범으로 제시됩니다. 아벨, 노아, 에녹, 아브라함, 사라 등. 그들은 모두 완성을 목격한 이들이 아니라 기다림으로 평생을 살았던 이들입니다. 대표적인 예가 아브라함입니다. 그는 하느님의 약속만을 믿고 길을 떠나, 어디로 가는지도 알지 못하면서 평생 떠돌이로 살았습니다. 그들은 "모두 믿음 속에 죽어 갔습니다. 약속된 것을 받지는 못하였지만 멀리서 그것을 보고 반겼습니다." 그들은 약속된 땅에서도 마치 이방인처럼 나그네로 살았고, 그럼으로써 "자기들이 본향을 찾고 있음을" 드러냈습니다. 그들은 "하늘 본향을" 갈망하고 있었던 것입니다(히브 11,13.14.16).

구약의 믿음이 이렇게 기다림을 특징으로 한다면, 히브리서의 저자가 살고 있는 시대는 어떨까요? 저자는 하느님께서 '우리' 곧 신약 시대의 믿는 이들에게 더 좋은 것을 마련하셨다는 것을 알고 있지만(히브 11,39-40 참조) 아직도 신앙의 삶은 기다림의 삶입니다. 그래서 구약의 인물들은 '우리'에게 '증인'이 되고, '우리'는 그들에게서 격려를 받고 또한 십자가의 수난을 견디신 예수 그리스도를 바라보면서 믿음을 지켜야 합니다.

저자는 히브리서의 앞부분(3-4장)에서도 시편 95편를 인용하면서, 하느님의 안식처로 들어갈 수 있다는 약속이 지금도 그대로 남아 있으니 "오늘 너희가 그분의 소리를 듣거든 마음을 완고하게 갖지 마라"(히브 3,7-8)하고 권고했습니다. 그리고 이 말씀은 히브리서가 작성된 후 다시 이천 년이 지난 지금도 그대로 유효합니다. 하느님의 약속들은 지금도 완전한 성취를 기다리고 있으며, 우리는 본향에 이르러 우리가 "바라는 것", "보이지 않는 실체"(히브 11,1)를 보게 되기까지 믿음과 희망에 의지하여 걸어갑니다. 하느님과 얼굴을 마주 보고 하느님께서 나를 온전히 아시듯 나도 온전히 알게 될 그때까지는(1코린 13,12 참조), 우리는 늘 본향을 그리워하며 나그네로 이 세상을 살아갑니다. 히브리서의 저자가 말하듯이 "하느님의 말씀은 살아 있고 힘이 있으며"(히브 4,12) 수천 년이 지났어도 그 힘을 잃지 않습니다. 우리는 그 하느님의 말씀을 믿고 기다립니다.

Sarona
Lebna
Gedera
Odullam
Jermoth
Hebron
Harma
Heder

V
| 다른 사도들의 서간 |

길 안내

신약성경 서간들의 분류에서는 실제 저자가 누구인가 하는 문제와 별개로 본문이 누구를 저자로 제시하는지를 보아야 합니다. 이제 남은 서간은 야고보, 베드로, 요한, 유다가 저자로 되어 있는 편지들입니다. 대개는 짧은 편지지만 저자가 다른 만큼 편지의 색깔도 달라서, 신약 종주의 마지막을 앞두고 다양한 변화를 보게 됩니다.

야고보서: 실천하는 믿음

*"영이 없는 몸이 죽은 것이듯
실천이 없는 믿음도 죽은 것입니다"*(야고 2,26)

성인들도 서로 많이 다릅니다. 은수자가 있고 교황이 있고, 어부였던 사도가 있고 학자도 있습니다. 하지만 그들은 모두 성인입니다. 성경의 책들도 서로 많이 다릅니다. 로마서에서는 인간이 믿음으로 의화된다는 점을 강조하고, 야고보서에서는 믿음만으로 의롭게 되는 것이 아니라 실천으로 의롭게 된다고 말합니다(야고 2,24). 그런 여러 모습이 조화를 이룰 때에 우리의 신앙생활이 온전하게 됩니다.

야고보

야고보서는 누가 썼을까요? 야고보라고 대답하시면 곤란합니다. 바오로 서간과 마찬가지로 다른 사도들의 이름으로 된 서간에서도 실제로 그 사도가 직접 쓴 것인지는 매번 문제가 될 뿐 아니라, 야고보가 한두 명이 아니기 때문입니다.

일단 야고 1,1에서 말하는 "하느님과 주 예수 그리스도의 종 야고보"가 누구인지를 생각해 봅시다. 예수님의 열두 제자 가운데 두 명의 야고보가 있었습니다. 그 가운데 제베대오의 아들 야고보는 40년대 초에 순교했으므로 일단 배제하고, 알패오의 아들 야고보에 대해서는 알려진 바가 없습니다. 그 밖에 마르 6,3과 갈라 1,19 등에서 '주님의 형제'로 일컬어지는 야고보가 있는데, 한때는 그가 알패오의 아들 야고보와 동일시되었으나 지금은 다른 인물이라고 생각하는 편입니다. 전통적으로 야고보서가 저자로 내세우는 것은 이 야고보라고 생각해 왔습니다.

그는 예수님의 공생활 때에는 예수님을 따랐다는 말이 없으나, 1코린 15,7에 따르면 부활하신 예수님께서 그에게 나타나셨고 그 후 그는 예루살렘 교회의 지도자가 됩니다. 사도행전과 바오로 서간들에서 주님의 형제 야고보는 대체로 전통적인 유다계 그리스도인들을 대표합니다.

그러면 이 야고보가 실제로 야고보서를 썼을까요? 한편으로는 이 편지에 사용된 그리스어의 문체와 어휘 등을 보면 주님의 형제 야고보가 직접 썼을 것 같지 않습니다. 하지만 다른 한편으로, 신앙의 실천을 강조하는 이 편지의 내용은 유다계 그리스도교의 특징을 보여 줍니다. 그렇다면 주님의 형제 야고보가 직접 이 편지를 쓰지 않았다

해도 이 편지가 그의 이름으로 되어 있는 것은 그가 속했던 교회와 연관되어 있기 때문일 것입니다. 이 편지의 작성 연대는 1세기 말 또는 2세기 초로 봅니다.

실천 없는 믿음

야고보서에 실려 있는 실천적인 가르침은 여럿이지만, 이론적인 면에서 가장 눈에 띄는 것은 2,14-26입니다. 저자는 실천 없는 믿음이 사람을 구원할 수 있는지 묻습니다. 굶주린 사람에게 먹을 것은 주지 않으면서 가서 배불리 먹으라고 말하는 것이 아무 도움도 되지 않듯이, 실천이 없는 믿음은 죽은 것입니다.

"그대는 하느님께서 한 분이심을 믿습니까? 그것은 잘하는 일입니다. 마귀들도 그렇게 믿고 무서워 떱니다"(야고 2,19). 저는 이 논거가 매우 분명하다고 생각합니다. 예수님께서 마귀를 쫓아내시고 병자들을 치유하실 때, 사람들은 놀랍게 생각하고 저분이 누구이신지를 묻지만 더러운 영들은 "당신은 하느님의 아드님이십니다!"(마르 3,11)라고 외칩니다. 그렇게 알고 입으로 고백한다고 해서 구원되는 것은 아닙니다. 그래서 저자는 "사람은 믿음만으로 의롭게 되는 것이 아니라 실천으로 의롭게 됩니다"(야고 2,24)라고 말합니다.

실천으로 완전하게 되는 믿음

그러면 이 서간의 입장은 바오로 사도와 반대되는 것일까요? 그렇지 않습니다. 바오로 사도 역시 여러 편지에서 신자들에게 올바른 삶을 권고하고 있으며, 산을 옮길 수 있는 믿음이 있더라도 사랑이 없으면 아무 소용이 없다고 말합니다(1코린 13,2). 바오로가 반대한 것은 그리스도교로 입교하는 이교인들에게 유다교의 율법 규정을 요구하는 것이었고, 인간이 자신의 인간적 노력만으로 구원될 수 있다는 주장이었습니다.

야고보서에서 말하는 신앙의 실천 역시, 유다교의 율법 규정을 준수해야 한다는 것은 아니었습니다. 야고보서에서는 사람을 차별 대우하지 말라고, 가난한 이들에게 자비를 베풀라고, 말로 죄짓지 말고 교만하지 말며 불의하게 재산을 쌓지 말라고 권고합니다. 이것은 바오로 사도의 권고와 근본적으로 다르지 않습니다. 이 편지에서 믿음만으로 의롭게 되지 않는다고 한 것은, 율법 규정을 지켜야 한다는 뜻에서 한 말이 아니라, 로마서에 나타난 바오로 사도의 말을 편협하게 이해하여 생겨난 오해를 풀기 위해 한 말이었습니다. 야고보서는 믿음의 가치를 결코 부인하지 않습니다. 다만 그 믿음에 실천이 함께 해야 한다는 것을 강조합니다.

창세 15,6에서는 "아브람이 주님을 믿으니, 주님께서 그 믿음을 의로움으로 인정해 주셨다"고 말합니다. 로마서에서는 그 구절을 인용하면서 아브라함이 할례를 받기 전에 믿음으로 의화되었다는 점을 강조하고(로마 4,10-11), 야고보서에서는 아브라함이 이사악을 제단에 바칠 때 실천을 통해서 그의 믿음이 완전하게 되었다고 설명합니다(야고 2,21-22). 믿음이 '완전하게 된다'는 말이 열쇠가 아닐까 싶습니다. 믿음은 중요합니다. 그러나 그 믿음은 실천으로 완전하게 되어야 합니다. 불의하게 모은 부자의 재물이 하늘을 향해 소리치고 있고 그 일꾼들의 아우성이 주님의 귀에 들어갔다면(야고 5,4 참조), 그 부자의 믿음이 그를 구원할 수 있겠습니까? 바오로 사도 역시 "사랑으로 행동하는 믿음"(갈라 5,6)을 말했습니다.

"말씀을 실행하는 사람이 되십시오. 말씀을 듣기만 하여 자신을 속이는 사람이 되지 마십시오"(야고 1,22).

병자성사의 성경적 근거: "여러분 가운데에 앓는 사람이 있습니까? 그런 사람은 교회의 원로들을 부르십시오. 원로들은 그를 위하여 기도하고, 주님의 이름으로 그에게 기름을 바르십시오"라는 야고 5,14의 말씀은 병자성사와 연결됩니다.

베드로 1·2서: 박해와 희망

"마지막 때에 나타날 준비가 되어 있는 구원을 얻도록"(1베드 1,5)

다음에 이어지는 것은 베드로의 이름으로 되어 있는 두 편지입니다. 이 두 편지는 모두 희망에 대해 말합니다. 베드로 1서는 박해를 배경으로 신자들에게 희망을 일깨우고, 베드로 2서는 종말을 기다리는 희망을 불러일으킵니다.

이 편지들의 저자는 확실치 않습니다. 베드로 1서는 아마도 베드로 사도가 로마에서 순교하기 전, 마지막 시기에 실바누스의 도움을 받아(1베드 5,12 참조) 쓴 것으로 생각되고, 베드로 2서는 베드로 사도가 세상을 떠난 다음 2세기 초에 실바누스나 아니면 다른 저자가 쓴 것으로 보입니다.

나그네살이를 하는 이들

야고보서는 "세상에 흩어져 사는 열두 지파에게"(야고 1,1) 쓴 편지였고, 베드로 1서는 "폰토스와 갈라티아와 카파도키아와 아시아와 비티니아에 흩어져 나그네살이를 하는 선택된 이들에게"(1베드 1,1) 보낸 편지입니다. 야고보서의 "열두 지파"가 유다인들을 지칭하는 것이라면, 베드로 1서의 독자들은 "한때 하느님의 백성이 아니었지만 이제는 그분의 백성"(1베드 2,10)이라고 일컬어지는 것으로 보아 이교 신자들을 수신인으로 하는 편지로 보입니다. 이들은 비신자들 사이에서 소수집단으로 살아갑니다. 히브리서에서도 말했던 것처럼 그리스도인들은 세상 안에서 언제나 떠돌이로 나그네살이를 하고 있습니다(히브 13,14 참조).

더구나 베드로 사도가 이 편지를 쓸 때 신자들은 박해의 위험 속에서 살고 있었습니다. "시련의 불길이 여러분 가운데에 일어나더라도"(1베드 4,12)라는 표현이 90년대에 있었던 도미티아누스 또는 트라야누스 황제 때의 박해를 지칭할 수도 있지만, 실제로 베드로 사도가 이 편지를 썼다면 60년대에 있었던 네로 황제의 박해를 가리킬 가능성이 큽니다.

예수님은 "사람들이 나를 박해하였으면 너희도 박해할 것"(요한 15,20)이라고 말씀하십니다. 그리스도인의 삶이 세상을 거슬러 살아가는 것이라면, 어떤 형태로든 박해는 피할 수 없을 것입니다. 베드로 1서는 그렇게 박해받는 신자들을 위한 편지입니다.

우리가 지닌 희망

"여러분이 지닌 희망에 관하여 누가 물어도 대답할 수 있도록 언제나 준비해 두십시오. 그러나 바른 양심을 가지고 온유하고 공손하게 대답하십시오"(1베드 3,15-16). 이 서간에서 권고하는 것은 인내와 희망입니다.

먼저 필요한 것은 희망입니다. 희망이 없다면 사람들도 질문을 던지지 않을 것이고, 신자들도 증언하지 않을 것입니다. 그 희망은 어디에서 올까요? 우리를 위하여 고난을 받으시고 돌아가시고 부활하신 예수님은 우리에게 인내의 모범이 되시며(1베드 2,21-25; 3,18; 4,1 참조) 희망의 근거가 되십니다(1베드 1,3). 우리는 언제나 희망할 수 있습니다. 그리스도께서 당신의 고귀한 피로 우리를 깨끗하게 씻어 주셨으니, 현재의 어려움 속에서도 하느님께서 주신 생생한 희망을 간직하여 마지막 때에 구원을 얻도록 해야 합니다(1베드 1,3-12).

소수의 신자들이, 그것도 박해를 받으면서, 다른 이들에게 자신들의 믿음을 증언할 수 있는 방법이 달리 무엇이 있겠습니까? 전혀 다른 삶을 살아가는 이교인들에게 말로만 그리스도교의 교리를 선포한다면 그들은 귀를 기울이지 않을 것입니다. "흩어져 나그네살이를 하는"(1베드 1,1) 신자들은 아무런 힘도 없습니다. 베드로 1서에서 신자들은 녹록지 않은 처지에 있습니다. 그들은 그리스도를 보지도 못했고, 지금은 이방인들 사이에서 시련을 겪으며 슬퍼하고 있습니다. 아직도 육적인 욕망과 맞서 싸워야 하고, 사람들의 중상을 받으며, 선을 행하면서도 고난을 받고 있고, 그리스도의 이름 때문에 모욕을 당하기도 합니다. 그러나 그 상황은 신자들에게 증언의 기회가 됩니다. "사람들이 너희에게 손을 대어 박해할 것이다. … 이러한 일이 너희에게는 증언할 기회가 될 것이다"(루카 21,12-13). 신자들이 박해 속에서도 희망을 잃지 않는다면 사람들은 그 희망의 이유를 물을 것이기 때문입니다(1베드 3,15).

주님의 재림

베드로 2서도 희망에 대해 말하지만, 맥락은 주님의 재림을 향한 기다림입니다. 종말을 기다리던 테살로니카 1·2서의 세대는 지나갔습니다. 그런데 아직도 종말은 오지 않았습니다. 곧 오리라 믿었던 재림은 왜 지체되는 것일까요? 혹시, 결국 재림은 없는 것이 아닐까요?

베드로 2서에서는 무엇보다도 주님의 자비로 이를 설명합니다. "어떤 이들은 미루신다고 생각하지만 주님께서는 약속을 미루지 않으십니다. 오히려 여러분을 위하여 참고 기다리시는 것입니다. 아무도 멸망하지 않고 모두 회개하기를 바라시기 때문입니다"(2베드 3,9). 새 하늘과 새 땅은 반드시 올 것입니다. 주님께서는 사람들에게 구원의 기회를 주기 위해 참고 기다리시는 것이지, 다시 오시겠다는 약속을 미루시는 것이 아닙니다.

또 한 가지 중요한 점이 있습니다. "주님께는 하루가 천 년 같고 천 년이 하루 같습니다"(2베드 3,8). 그러니 인간의 시간 개념으로 재림의 때를 계산하는 것은 부질없는 일입니다. 주님께서 되풀이하여 그 날과 그 시간은 알 수 없다 하셨습니다. 하느님의 시간이 인간의 시간과 근본적으로 다르다면, 어떻게 인간이 그 시간을 계산하고 재림의 때를 결정할 수 있겠습니까? 그러니 우리의 기준으로 재림이 지체된다고 판단하여 실망하거나 기다림을 포기해서는 안 됩니다. 재림을 준비하기 위하여 인간이 할 수 있는 일은 오직 한 가지입니다.

> "티 없고 흠 없는 사람으로 평화로이 그분 앞에 나설 수 있도록 애쓰십시오"(2베드 3,14).

새 하늘 새 땅을 기다리면서 이 세상에서 나그네살이하는 우리는 희망에 의지하여 살아갑니다.

3

요한 서간: 작성 목적

"우리의 친교는 아버지와 또 그 아드님이신
예수 그리스도와 나누는 것입니다"(1요한 1,3)

요한 서간들은 요한이 썼을까요? 지금까지 살펴본 여러 서간을 떠올리다면, 쉽게 그렇다고 답하지는 않으실 듯합니다. 게다가 요한 복음서조차 요한이 직접 쓴 것이라고 단정할 수 없다면 어떻게 요한 서간들을 요한이 직접 썼다고 주장하겠습니까? 이러한 질문에서 시작하여, 어떤 사람이 어떤 목적으로 이 편지를 썼는지 살펴보겠습니다.

요한 복음서와 비교해 보면

요한 1·2·3서에서는 저자가 요한이라는 언급이 없습니다. 요한 2서와 3서에서 저자는 자신이 '원로'라고 말할 뿐입니다. 그런데도 제목에 요한의 이름이 들어가 있고 전통적으로 사도 요한이 이 편지들을 썼다고 여긴 이유는, 이 서간들이 요한 복음서와 유사한 점을 가지고 있기 때문입니다.

1요한 1,1-4의 머리말만 보아도 요한 1장의 머리글과 유사한 어투가 즉시 눈에 띕니다. 생명의 말씀에 대해 말하면서 "영원한 생명은 아버지와 함께 계시다가 우리에게 나타나셨습니다"라고 선포하는 1요한 1,3은, 말씀이 하느님이셨고 하느님과 함께 계셨으며 그분 안에 생명이 있었고 그분께서 사람이 되셨다는 요한 1,1-18의 찬가와 비슷한 내용을 전해 줍니다. 요한 서간들은 다른 곳에서도 예수님께서 하느님의 말씀이시라고 고백하며, 생명, 빛, 진리, 사랑 등의 단어들을 즐겨 사용합니다.

그러나 요한 복음서와 비교해 보면 차이점도 없지는 않아서, 저자가 같은 사람이라고 말하기는 쉽지 않습니다. 한 가지만 예를 든다면, 요한 복음서에서는 미래에 있을 주님의 재림에 대해 말하기보다 지금 영원한 생명을 누리는 것을 말하는데, 요한 1서에서는 주님의 재림을 기다리고 있습니다(1요한 2,28). 또 요한 1서는 곳곳에서 요한 복음서에 나왔던 주제들을 되짚어 보면서 그 주제들을 발전시키는 모습을 보입니다. 요한 복음서 저자의 사상을 조금 더 진전시켜 나가는 것입니다.

여러분도 친교를 나누도록

이러한 점들을 고려할 때, 요한 서간들의 저자와 요한 복음서 저자가 동일 인물은 아니지만 요한 복음서의 전통을 이어간 이들 중 한 사람일 수는 있습니다. 그리고 요한 1·2·3서의 저자가 같은 사람일 가능성은 큽니다.

다시 1요한 1,1-4의 머리말에서, 저자는 자신을 '우리'라고 지칭하면서 독자인 '여러분'에게 말을 건넵니다. '우리'는 우리가 보았고 들었고 만져 본 생명의 말씀을 '여러분'에게 전하려 합니다. '우리'는 "아버지와 또 그 아드님이신 예수 그리스도와" 친교를 이루고 있고, '여러분'도 우리와 함께 그 친교를 나누게 하기 위하여 이 편지를 씁니다. '우리'는 이미 하느님 아버지와 그 아드님과 결합되어 있고, '여러분'도 우리와 함께 그 결합에 참여하도록 초대합니다.

요한 복음서부터 되짚어 봅시다. 요한 복음서에서는, 아무도 하느님을 본 적이 없으나 아버지와 가장 가까우신 외아드님이시고 하느님이신 말씀께서 세상에 오시어 하느님을 알려 주셨다고 말합니다(요한 1,18). 이렇게 해서 인간이 하느님을 알 수 있는 길이 열렸고, "영원한 생명이란 홀로 참하느님이신 아버지를 알고 아버지께서 보내신 예수 그리스도를 아는 것"(요한 17,3)입니다. '사랑하시는 제자'는 예수님의 목격 증인이었습니다. 그 '사랑하시는 제자' 또는 그의 가르침을 받은 다른 사람이 요한 복음서를 씁니다. 그는 "예수님께서 메시아시며 하느님의 아드님이심을 여러분이 믿고, 또 그렇게 믿어서 그분의 이름으로 생명을 얻게"(요한 20,31) 하려고 복음서를 썼습니다.

이제 요한 서간의 저자인 '우리'는 다시 그 연속선상에 자리합니다. 그는 '사랑하시는 제자'가 전해 준 것을 다시 다른 이들에게 전해 줌니다. 이를 통하여 '여러분' 곧 독자도 하느님 아버지와 또한 그 아드님 예수 그리스도와 친교를 이루도록 하기 위해서입니다(1요한 1,3).

영원한 생명

요한 복음서는 '친교'라는 단어를 사용하지 않습니다. 하지만 요한 14,20에서 예수님께서는 "내가 아버지 안에 있고 또 너희가 내 안에 있으며 내가 너희 안에 있음"을 말씀하시고, 요한 15,1-6에서는 포도나무와 그 가지의 비유를 들어 우리가 예수님 안에 머무르고 예수님께서 우리 안에 머무셔야 한다는 것을 일깨우시며, 요한 17,11.20-26에서는 예수님의 제자들과 그분을 믿는 이들을 위하여 "아버지께서 제 안에 계시고 제가 아버지 안에 있듯이, 그들도 우리 안에 있게 해 주십시오"라고 기도하십니다.

이는 모두 예수님을 믿는 이들이 하느님 아버지와 또 그 아드님이신 예수 그리스도와 나누는 친교에 관한 말씀입니다(1요한 1,3 참조). 예수님께서 하느님의 아드님이심을 믿는 이들은 그리스도 안에서 하느님과 결합되고, 이로써 신자들 사이에도 일치가 이루어집니다.

그런데 요한 1서의 마지막에서 저자는 독자인 '우리'에게, 우리가 이미 그 친교를 누리고 있다고 말합니다. "내가 여러분에게, 곧 하느님의 아드님의 이름을 믿는 이들에게 이 글을 쓰는 까닭은, 여러분이 영원한 생명을 지니고 있음을 알게 하려는 것입니다"(1요한 5,13). 요한 복음서 저자가 이미 말했듯이(위에 인용한 요한 17,3 참조), 우리가 하느님 안에 있고 그분의 아드님 예수 그리스도 안에 있다면 그것이 바로 영원한 생명입니다. 이제 의심하거나 흔들릴 필요가 없습니다. 예수 그리스도께서는 "참하느님이시며 영원한 생명이십니다"(1요한 5,20).

요한 서간: 진리와 사랑

"사랑하지 않는 사람은 하느님을 알지 못합니다.
하느님은 사랑이시기 때문입니다"(1요한 4,7)

요한 서간들이 작성되던 시기에도 신자들의 신앙을 위협하는 요소는 있었습니다. 유다인들과의 갈등이나 박해 문제보다도, 전에는 교회에 속한 신자들이었으나 올바른 신앙을 벗어나 그릇된 가르침을 주장하는 이들이 야기하는 문제가 등장합니다(1요한 2,19). 저자는 이들을 "그리스도의 적"(1요한 2,18.22; 4,3; 2요한 7절), "거짓 예언자"(1요한 4,1), "속이는 자"(2요한 7절)라고 부릅니다.

식별의 기준

오천 문제 정도 되는 교리 시험을 본다면, 한 개도 틀리지 않고 정답을 쓸 수 있다고 자신하십니까? 아무리 올바른 신앙을 갖고 있다고 생각하더라도, 세세한 부분까지 모두 확실하게 알기는 쉽지 않습니다. 그렇다면 몇 개까지 틀려야 올바른 신앙이라고 할 수 있을까요? 우리 주변의 신자들 가운데서도 때로는 조금씩 중심을 잃은 신앙인들을 보게 됩니다. 올바른 신앙과 올바르지 않은 신앙의 경계는 어디에 있을까요? 쉬운 문제는 아닙니다. 그래서 요한 서간의 저자는 진리 안에 머물러 있고자 하는 신자들에게 몇 가지 주의할 점을 일러 줍니다.

첫째로, 하느님의 아드님이신 예수님께서 "사람의 몸으로" 오셨음을 인정하지 않는다면 그것은 하느님께 속한 영이 아닙니다(1요한 4,2). 이는 하느님의 아드님이신 그리스도와 인간인 예수를 구분하여, 하느님의 아드님이 사람이 되신 것이 아니라 예수님의 세례 때에 인간 예수와 신적 존재인 그리스도가 결합되었다는 주장을 가리키는 것으로 보입니다. 저자는 아버지와 함께 계셨던, 하느님이신 바로 그분이 참으로 인간이 되셨음을 역설합니다. "말씀이 사람이 되시어 우리 가운데 사셨다"(요한 1,14)는 요한 복음의 증언이 떠오릅니다.

둘째로, 어떤 사람이 스스로 하느님을 안다고 말하면서도 하느님의 계명을 지키지 않는다면 그의 말은 거짓말이며 진리가 아닙니다. 아직은 본격적으로 영지주의가 나타나기 이전이지만, '하느님을 안다'는 표현에서는 영지주의적인 경향이 감지됩니다. 영지주의에서는 깨달음을 얻는 것이 구원의 길이라고 주장했으므로, 하느님을 아는 것을 중시하고 계명이나 죄와 같은 문제는 구원을 위하여 크게 중요하지 않다고 여겼기 때문입니다. 하지만 저자는 "그분 안에 머무른다고 말하는 사람은 자기도 그리스도께서 살아가신 것처럼 그렇게 살아가야 합니다"(1요한 2,6)라고 말합니다.

셋째로는, 영을 받았다고 주장하는 이들의 말을 모두 받아들이지 말고 그 영을 식별해야 한다고 가르칩니다. "아무 영이나 다 믿지 말고 그 영이 하느님께 속한 것인지 시험해 보십시오"(1요한 4,1). 위에서 말한 기준들에 따라 진리와 진리가 아닌 것을 구별해야 합니다.

열성적인 신자라고 다 올바른 신앙생활을 하는 것은 아닙니다. 관념 속에 그리스도교 교리가 아닌 잘못된 교리를 만들어 놓고 그것을 믿고 있을 수도 있습니다. 마지막 때가 오기 전에 '그리스도의 적'이 나타난다는 요한 1서의 말은, 우리의 신앙을 위협하는 요소들이 어느 시대에나 있을 수 있음을 뜻합니다. 그래서 신앙에는 늘 식별이 필요합니다.

사랑하지 않는다면

저자는 "사랑하지 않는 사람은 하느님을 알지 못합니다. 하느님은 사랑이시기 때문입니다"(1요한 4,7)라고 선언합니다. 어쩌면 이것은 스스로 하느님을 안다고 여기는 많은 사람의 입을 막는 선언이 될지도 모릅니다.

앞에서 하느님을 안다고 하면서 계명을 지키지 않는다면 그 말은 거짓이라고 했습니다. 그런데 계명 중에서도 가장 중요한 계명이 사랑입니다. 2요한 5절에서는 이것이 "새 계명이 아니라 우리가 처음부터 지녀 온 계명"이라고 말합니다. 요한 복음서에서 이미 예수님께서 그 계명을 주셨기 때문입니다. "내가 너희를 사랑한 것처럼 너희도 서로 사랑하여라"(요한 13,34).

우리를 위해 목숨을 내어 주신 예수님을 통해 우리는 사랑을 알게 되었고, 우리도 형제를 위하여 목숨을 내어 줄 때 "우리가 진리에 속해 있음을"(1요한 3,19) 알게 됩니다. "너희가 서로 사랑하면, 모든 사람이 그것을 보고 너희가 내 제자라는 것을 알게 될 것이다"(요한 13,35). 벗을 위하여 목숨을 내어 주는 우리의 사랑이, 우리가 선포하는 신앙이 참된 것이고 우리가 하느님께 속한 사람들임을 증명합니다. 요한 1서에서 사랑에 대해 말하는 많은 부분은 너무나 많이 알려져 있고 거의 설명이 필요 없는 말씀들이지만, 그 사랑이 진리를 식별하는 기준이 된다는 점은 다시 짚고 싶습니다. 어떤 사람들이 하느님에 대해 많은 말을 하고 놀라운 이야기들을 퍼뜨린다 하더라도, 그들이 사랑을 실천하지 않는다면 그들의 주장은 믿을 것이 못됩니다.

하느님의 사랑으로

저자는 편지를 읽는 신자들도 사랑을 실천하도록 권고합니다. 그 사랑은 단순한 인간적 감정에서 나오는 사랑이 아닙니다. 하느님께서 먼저 우리를 사랑하셨고, 우리가 서로 사랑하는 것은 "하느님께서 우리 안에서 머무르시고 그분 사랑이 우리 안에서 완성"(1요한 4,12)되는 것이기에 사랑의 실천은 중요합니다. 나에게서 나오는 사랑으로 형제를 사랑하는 것이 아니라, 하느님께서 우리에게 주시는 그 사랑으로 우리가 서로를 사랑하는 것입니다. 나는 형제를 사랑합니까? 인간적인 애정으로 내 마음에 드는 이들을 사랑하는 차원을 넘어서, 하느님의 자녀인 모든 사람을 하느님의 사랑으로 사랑합니까? 그렇게 사랑할 때 비로소 우리가 진리 안에 머물고 있으며 영원한 생명을 지니고 있다고 말할 수 있을 것입니다.

> **요한 2·3서의 수신인:** 요한 2서에서 수신인은 "선택받은 부인과 그 자녀들"(2요한 1절)이라고 되어 있습니다. 이는 교회가 그리스도의 신부라는 이해를 바탕으로 특정한 교회를 지칭한 것으로 보이는데, 구체적으로 어느 교회에 보낸 편지인지는 알 수 없습니다. 한편 요한 3서의 수신인인 가이오스는 어떤 교회의 지도자였거나 부유한 인물로서 순회 선교사들을 돌보아 주는 사람으로 나타납니다.

유다 서간: 믿음을 위한 싸움

"지극히 거룩한 믿음을 바탕으로 성장해 나아가십시오"(유다 20절)

유다서는 25절로 되어 있는 짧은 편지입니다. 그런데 읽다 보면 이것이 지금 무슨 이야기인가 당황하실 수도 있습니다. 그 이유를 미리 말씀드리자면, 외경에 나오는 이야기들을 예로 들고 있기 때문입니다. 그만큼 유다서는 독특한 배경을 지니고 있습니다.

야고보의 동생 유다

저자가 누구이기에 배경이 독특할까요? 본문에는 "예수 그리스도의 종이며 야고보의 동생인 유다"(유다 1절)라고 되어 있습니다. 성경에 유다가 여러 명 등장하지만 가리옷 사람 유다는 아닐 것이고, 아마도 '주님의 형제'라고 일컬어지는 야고보의 동생을 지칭할 것입니다(마르

V 다른 사도들의 서간 279

6,3 참조). 열두 제자 가운데에도 유다가 한 명 더 있지만, 그는 야고보의 동생인 유다와는 다른 사람으로 생각됩니다.

야고보의 동생인 유다가 실제로 이 편지를 썼는지 증명하기도 어렵고 부인하기도 어렵습니다. 저자가 에녹서와 같은 외경을 사용하고 히브리어 구약성경에 의존하는 것을 보면(신약성경의 여러 저자 중 대부분은 그리스어 번역본인 70인역을 사용합니다), 이 편지는 팔레스티나에서 작성된 것 같다는 추정을 할 수 있을 뿐입니다. 구약성경을 중요한 논거로 사용한다는 점에서도, 유다교적인 배경이 드러납니다.

여기까지 말하면 야고보의 동생 유다가 실제로 썼을 것 같지만, "사도들이 예고한 말"(유다 17절)이라는 표현은 사도들의 시대가 이미 지나갔음을 보여 주는 듯합니다. 그러므로 유다가 직접 썼다면 그가 형제들 가운데 나이가 적었고 노년기에 이 편지를 썼을 것입니다. 만일 그렇지 않다면, 이 편지는 다른 사람이 썼을 것입니다. 그렇다 하더라도 "야고보의 동생 유다"라는 말은 의미가 있습니다. 편지의 유다교적인 배경과 연관되기 때문입니다.

편지는 비교적 간단합니다. 유다는 신자들에게, 몰래 숨어든 이들에 맞서 "성도들에게 단 한 번 전해진 믿음"(유다 3절)을 지키기 위해 싸우라고 권고합니다. 그런데 이 편지에는 요한 서간처럼 그들의 그른 주장을 지적하거나 신자들에게 무얼 권고하는 부분은 별로 없습니다. 거짓을 가르치는 사람들은 반드시 심판을 받으리라는 내용이 많은 부분을 차지합니다. 마지막 때에 거짓 교사들이 나타나리라는 것은 이미 사도들이 예고한 바이고, 그들은 심판을 받을 것입니다.

거짓 교사들이 받을 심판

유다서에서 특징적인 부분은, 저자가 불경한 자들은 반드시 심판을 받는다고 말하면서 제시하는 논거들입니다.

첫 번째 논거는, 이스라엘 백성은 모두 이집트 땅에서 해방되었지만, 믿지 않는 자들은 멸망했다는 것입니다. 가나안 땅을 정탐하고 나서 하느님의 약속을 믿지 못하고 포기하려 했던 이들이 모두 광야에서 죽어 약속된 땅에 들어가지 못했다는 민수 14장의 이야기를 바탕으로 합니다.

두 번째로 거주지를 이탈한 천사들, 곧 인간의 딸들과 결혼한 천사들을(창세 6,1-4) 하느님께서 심판 때까지 어둠 속에 가두어 두셨다는 것은 외경인 에녹서에 나옵니다.

세 번째 예인 소돔과 고모라의 멸망은 창세 19장입니다. 마치 사도행전에서 바오로나 베드로가 유다인들에게 설교할 때에 구약을 논거로 사용하듯이, 저자는 구약성경에서 많은 예를 가져옵니다.

저자는 이 세 가지 예를 든 뒤, 심판은 주님께서 하시는 일이며 미카엘 대천사가 모세의 주검을 놓고 악마와 다투었다고 말합니다(유다 9절). 알렉산드리아의 클레멘스는 이것이 지금은 남아 있지 않은 유다교의 묵시문학 작품인 모세 승천기에 나오는 이야기라고 전합니다.

다음으로 다시 저자는 거짓 교사들을 카인(창세 4장), 발라암(민수 22-24장), 코라(민수 16장)와 비교합니다. 모두 구약의 예입니다.

하지만 그들을 두고 "아담의 칠 대손 에녹이 예언"(유다 14절)하였다는 내용은 다시 에녹서의 인용입니다. "보라, 주님께서 수만 명이나

되는 당신의 거룩한 이들과 함께 오시어 모든 사람을 심판하시고, … 각자에게 벌을 내리신다"(유다 14-15절).

에녹서를 인용하는 유다서

주님께서 악인들을 벌하시리라는 것, 어떻게 보면 성경에서 많이 나오는 주제이고 표현도 크게 다르지 않습니다. 하지만 성경에서 외경의 본문을 직접 인용한다는 사실은 의문을 갖게 합니다. 혹시 유다서의 저자가 에녹서를 경전으로 여긴 것은 아닌지, 에녹서가 성령의 영감을 받은 책은 아닌지, 여러 가지 질문이 제기됩니다.

하지만 저자는 아직 경전의 범위가 확정되기 이전 상황에서, 에녹서나 모세 승천기를 경전으로 인정하려는 의도 없이 당시에 퍼져 있던 유다교의 문헌들을 사용한 것으로 보입니다. 이와 달리 2베드 2장에서는 유다서의 내용을 다시 인용하면서도 외경에서 나온 부분들을 삭제합니다. 이는 베드로 2서가 작성된 시기에는 이미 경전 목록이 어느 정도 결정되었음을 보여 줍니다.

저자가 경전 문제에 대해 어떤 견해를 갖고 에녹서를 인용했는가 하는 것과는 별개로, 저자는 유다 문화를 배경으로 하여 같은 문화의 영향 아래 있는 신자들에게 이 편지를 씁니다. 그가 이렇게 수많은 예를 들면서 거짓 교사들이 장차 심판받을 것이라고 말하는 이유는, 신자들이 그들의 가르침에 현혹되지 말고 "지극히 거룩한 믿음을 바탕으로"(유다 20절) 성장해 나가도록 하기 위해서였습니다. 요한 서간에서도 살펴본 바와 같이, 그릇된 가르침은 끊임없이 생겨나고 우리는 알지 못하는 사이에 바른길에서 벗어날 수 있습니다. 사도들로부터 시작하여 우리에게 이르기까지 전해진 이 '지극히 거룩한 믿음'이 오류에 물들지 않도록 성실하게 지켜 나가야 하겠습니다.

Sarona
Joppe
Gezer
Lebna
Gedera
Eglon
Jermouth
Hebron

VI
요한 묵시록

이제 신약 종주의 마지막 봉우리인 요한 묵시록을 남겨 두고 있습니다. 어쩌면 이 책은, 산꼭대기에 올라 멀리 바라보며 여정을 끝마친다고도 할 수 있겠습니다. 역사의 종말에 이르기까지 완성을 향해서 걸어갈 그 길을 내다보는 것이 묵시록이기 때문입니다.

요한 묵시록 입문

"예수 그리스도의 계시"(묵시 1,1)

잠깐 멈추어서, 이 책의 제목에 포함된 '묵시록'은 무엇이며 요한 묵시록은 어떻게 이해해야 하는 책인지 먼저 알아보겠습니다.

묵시록

묵시 1,1은 "예수 그리스도의 계시"로 번역되어 있습니다. 그리스어 원문에는 예수 그리스도의 apokalypsis로 되어 있습니다. 그러니까 이 구절에서는 apokalypsis를 계시라고 옮긴 것입니다.

그런데 우리가 '묵시록默示錄'이라고 하는 것도 같은 apokalypsis의 번역입니다. 어원적인 의미에서 이 단어는 가려져 있는 것을 열어 보인다는 뜻입니다. 묵시문학에 대한 좀 더 상세한 설명은 《구약 종주》(성서와함께, 2017) 356-360쪽에 실려 있으므로 반복하지 않겠습니다.

구약성경에서는 다니엘서, 신약성경에서는 요한 묵시록이 묵시문학에 속합니다. 다니엘서가 그랬던 것처럼 요한 묵시록도 단순히 미래에 대한 호기심을 채워 주는 책은 아닙니다. 이 책은 우리에게 이 세상의 역사 전체를 어떻게 바라보아야 하는지를 알려 주고, 역사가 무엇을 향하여 가고 있는지를 말해 줍니다.

묵시록이라는 문학 유형에 친숙하지 않더라도 요한 묵시록의 몇 단락은 분명 읽어 보셨을 것이고, 이 책에서 사용하는 상징도 몇 가지는 알고 계실 것입니다. 이 책에 언급된 여러 숫자와 색깔, 동물은 대부분 무엇인가를 나타내는 상징이고, 저자가 우리에게 말해 주는 사건도 모두 무엇인가를 나타내고 있습니다. 그러면 그것을 어떻게 해석해야 할까요?

역사 종말적 해석

이 해석은 요한 묵시록에서 서술하는 사건 하나하나가 역사의 종말이 올 때 그대로 실현되리라고 봅니다. 묵시록에 대한 가장 오래된 해석이고, 적지 않은 이들이 단순하게 묵시록을 읽으면서 이렇게 이해합니다.

대표적인 예가 천년 왕국설입니다. 묵시 20,1-6에서 첫째 부활에 참여한 이들이 그리스도와 함께 천 년 동안 통치하리라고 말한 것으로부터, 종말 전에 그리스도께서 오시어 신자들과 함께 천 년 동안 지배하시리라고 믿는 것입니다. 시한부 종말론을 주장하는 이들이 이제 종말이 임박했다고 하면서 다양한 형태의 천년 왕국설을 주장합니다. 그러나 묵시록은 이 세상 역사가 끝나기 직전 마지막 시대의 신자들만을 위한 책이 아닙니다. 종말이 아직도 멀었다면, 지난 이천 년 동안의 신자들에게 요한 묵시록은 아무 의미가 없는 책이었을까요? 그렇지 않습니다. 요한 묵시록은 모든 시대의 신자들을 위한 책입니다. 그 의미를 알아들으려면 묵시문학의 상징적 언어를 이해해야 합니다.

세계사적 해석

두 번째로는 요한 묵시록이 교회와 세상의 긴 역사 안에서 전개되는 사건들을 미리 예언하는 책이라고 보는 해석이 있습니다. 이러한 해석은 현대에 일어났던 큰 전쟁들과 역사를 주름잡았던 여러 인물의 출현도 모두 예견된 일이라고 설명합니다. 묵시록에서 말하는 사건들을 역사 안의 사건들과 하나씩 짝을 짓다 보면, 언제쯤 역사가 끝나리라는 것도 예견할 수 있다는 것입니다.

이러한 해석에서는 예언의 개념 자체를 오해하고 있습니다. 요한 묵시록에서도 이 책에 담긴 내용이 "예언의 말씀"(묵시 1,3)이라고 말하지만, 성경에서 말하는 예언은 언제 무슨 일이 일어나리라고 미리 점치는 것이 아닙니다. 지금 세상에서 일어나는 이런저런 일들에 대해서 그것이 묵시록 안에 다 들어 있다고 주장하는 사람들은 많은 경우 성경의 예언을 점술처럼 생각합니다.

당대사적 해석

세 번째 해석은 요한 묵시록의 내용이 그 시대의 역사를 말하고 있다고 봅니다. 상징적 표현들을 사용하지만 실제로는 그 시대의 사람과 장소와 사건을 우회적으로 기술한다는 것입니다. 실제로 묵시록에는 분명히 그렇게 해석될 수 있는 예들이 있습니다. 묵시 1-3장에 언급된 일곱 교회는 그 시대에 있던 교회들이고, 일곱 언덕 위에 앉아 있는 탕녀는 로마를 나타냅니다. 현대의 많은 학자가 요한 묵시록의 상징들을 이렇게 이해하는 해석을 받아들입니다. 하지만 이로써 모든 것이 설명되지는 않습니다. 당시의 신자들에게 역사의 의미를 설명해 주려 한다면, 단순히 그 시대의 일들을 서술하는 것으로는 불충분합니다. 저자는 상징들을 통해서, 그 시대의 일들을 기술할 뿐만 아니라 역사 전체를 설명합니다.

그래서 요한 묵시록을 해석할 때에는 일차적으로 당시의 역사적 상황을 고려하면서 여기에 사용된 상징들이 무엇을 나타내는 것인지를 찾고, 또 이 책에서 역사의 의미와 그 미래에 대해 어떻게 말하고 있는지를 풀어내야 합니다. 대표적인 예로, 묵시 21-22장에서 저자는 역사의 종착점을 묘사함으로써 현재를 해석합니다. 그러한 전망 안에서, 현재의 사건들은 그 미래를 향해 가는 과정으로 파악됩니다.

신약성경에서 종말의 문제는 현재적이면서 미래적입니다. 하느님의 나라, 예수 그리스도의 통치가 이미 시작되었으나 아직 완성되지 않았기 때문입니다. 요한 묵시록 역시 그러한 이중적 성격을 그대로 담고 있습니다. 인간 역사 안에서는 "그리스도의 나라"와 "세상 나라"가 충돌하고 있습니다(묵시 11,15 참조). 어린양의 피로 속량된 우리는 이미 하느님 나라의 백성이고(묵시 1,6 참조), 동시에 새 하늘 새 땅이 도래하는 그때까지 이 세상 안에서 하느님의 나라가 이루어지도록 매개 역할을 하고 있습니다. 요한 묵시록은 이 책이 작성되던 시대에나 지금의 우리 시대에나 종말을 맞이할 그 시대에나, 모든 신자가 "지금도 계시고 전에도 계셨으며 또 앞으로 오실 분"(묵시 1,4)에 대한 믿음과 희망으로 세상을 이기게 합니다.

> **요한 묵시록의 저자:** 요한 복음서나 요한 서간과 달리 요한 묵시록에서는 저자가 자신의 이름을 요한이라고 밝힙니다. 그러나 이 책은 요한 복음서와 적지 않은 차이를 보이며, 묵시문학의 저자들이 대개 가명을 사용한다는 점도 실제 저자를 알기 어렵게 만듭니다. 아마도 사도 요한의 권위를 인정하던 공동체 안에서, 그의 신학 전통 안에서 이 책이 작성되었을 것입니다.

묵시 1-3장: 일곱 교회에 보내는 말씀

"성령께서 여러 교회에 하시는 말씀을 들어라"(묵시 2,7)

묵시문학의 서두에는 대개 어떤 배경이 묘사됩니다. 특정한 시간과 공간에서, 특정한 사람이 계시를 전달받는 것입니다. 요한 묵시록에서 저자는 "여러분의 형제로서, 예수님 안에서 여러분과 더불어 환난을 겪고 그분의 나라에 같이 참여하며 함께 인내하는 나 요한은, 하느님의 말씀과 예수님에 대한 증언 때문에 파트모스라는 섬에서 지내고 있었습니다"(묵시 1,9)라고 말합니다. 이 책의 저자와 독자들은 모두 박해를 받고 있습니다. 아마 90년대, 도미티아누스 황제의 박해 때로 추정됩니다. 예수님께서는 처음부터 "때가 차서 하느님의 나라가 가까이 왔다"(마르 1,15)고 선포하셨지만 교회는 무서운 박해를 겪고 있습니다. 이 끝에는 무엇이 기다리고 있을까요?

성령께 귀를 기울이도록

요한 묵시록을 크게 두 부분으로 나누면, 제1부인 1-3장이 일곱 교회에 보내는 말씀이고 제2부인 4-22장은 일곱 봉인, 일곱 나팔, 세 표징, 일곱 대접에 관한 말씀과 그 결론입니다. 1-3장에는 성령께서 일곱 교회에 보내는 말씀들이 담겨 있습니다.

파트모스 섬에 갇혀 있던 요한은 어느 주일에 큰 목소리를 듣습니다. 묵시 1,12-20에서는 말씀하시는 그분을 "사람의 아들 같은 분"(묵시 1,13; 참조 다니 7,13-14)이라고 묘사하며, 죽었었지만 영원무궁토록 살아 계신 분(묵시 1,18), 곧 부활하여 지금도 현존하시는 그리스도라고 합니다. 또 그분은 소아시아의 일곱 교회에 보내는 말씀을 기록하게 하십니다.

묵시록의 일곱 교회 《성서사십주간 성경지도》 지도 159

이어서 묵시 2-3장에 기록된 내용은 각각 에페소(2,1-7), 스미르나(2,8-11), 페르가몬(2,12-17), 티아디라(2,18-29), 사르디스(3,1-6), 필라델피아(3,7-13), 라오디케이아(3,14-22) 교회에 보내는 말씀인데, 그 형식이 거의 일정합니다. 각 편지가 지니는 일정한 형식의 요소들은 다음과 같습니다.

① 수신인	"…교회의 천사에게 써 보내라."
② 그리스도의 자기소개	묵시 1,12-20의 여러 표현이 사용됨
③ 각 교회의 상황에 대한 판단	칭찬 또는 비판
④ 해당 교회의 상황에 따른 권고	
⑤ 일반적 권고	"귀 있는 사람은 성령께서 여러 교회에 하시는 말씀을 들어라."
⑥ 약속	"승리하는 사람에게는…."

그리스도께서는 당신 말씀을 통하여 교회들을 정화하십니다. 이 부분에서는 실제 각 교회가 지닌 특성들이 나타나기도 하지만, 일곱이라는 숫자는 전체를 상징하기에 이 말씀들은 모든 시대 모든 장소의 교회에 보내는 말씀으로도 읽을 수 있습니다. 이 일곱 편지의 핵심은 "성령께서 여러 교회에 하시는 말씀을 들으라"는 것입니다. 본격적인 계시의 내용은 4장부터 소개될 것인데, 이 편지들은 교회가 그 말씀을 잘 들을 수 있도록 준비시키는 역할을 합니다. 성령께서 하시는 말씀을 듣기 위해서는 준비가 중요하기에, 계시의 내용을 말하기 전에

일곱 차례에 걸쳐 우리의 마음과 귀를 가다듬어 줍니다.

에페소 신자들에게 보내는 말씀

첫 번째로 나오는 '에페소 신자들에게 보내는 말씀'(묵시 2,1-7)만을 읽겠습니다.

① 수신인: "에페소 교회의 천사에게 써 보내라"(천사는 그 교회의 지도자를 가리킨다고 보기도 하고 교회 자체를 상징한다고 보기도 합니다. 교회는 이 세상에 속하지만 그 거룩하고 영적인 측면을 강조하여 천사라고 말하는 것입니다).

② 그리스도의 자기소개: 그리스도는 "오른손에 일곱 별을 쥐고 일곱 황금 등잔대 사이를 거니는 이"로 제시됩니다. 일곱 별은 일곱 교회의 지도자들이고 일곱 등잔대는 일곱 교회이며(묵시 1,20), 그리스도께서 그 사이를 거니신다는 말은 그분께서 지금도 교회들 안에 현존하시고 당신 손안에 교회들을 쥐고 계시다는 뜻입니다.

③ 상황에 대한 판단: 번화한 대도시이며 우상 숭배도 만연한 에페소에서 교회는 어려움 속에서도 인내로 신앙을 지키고 있습니다. 여기에서도 신자들은 박해를 겪고 있었을 것입니다. 그리스도께서는 그들의 노고를 아십니다. 하지만 "처음에 지녔던 사랑을 저버린 것"(묵시 2,4)은 질책하십니다.

④ 상황에 따른 권고: "네가 어디에서 추락했는지 생각해 내어 회개하고…." 겉으로는 신앙을 버리지 않았어도 마음 안에서 사랑

이 이미 식었으니, 회개하지 않는다면 그 등잔대를 치우시어 교회로서의 자격을 잃게 하실 것입니다.

⑤ 일반적 권고: "귀 있는 사람은 성령께서 여러 교회에 하시는 말씀을 들어라." 이 권고는 일곱 교회에 모두 똑같이 주어집니다.

⑥ 약속: "승리하는 사람"은 박해를 견디는 사람이고, 그에게는 생명 나무의 열매 곧 영원한 생명을 약속합니다.

일곱 교회에 보내는 이 말씀들은 오늘 우리의 모습을 돌아보게 합니다. 각 교회의 구체적인 상황은 모두 다르지만, 말씀을 듣기 위하여 필요한 것은 결국 회개입니다. "귀 있는 사람"만이 성령께서 하시는 말씀을 들을 수 있습니다. 회개, 에페소 교회의 경우 처음에 지녔던 사랑을 되찾는 것이 그 귀를 준비시켜 줍니다. 요한 묵시록의 일곱 교회 가운데 어떤 교회는 사랑이 식었고, 어떤 교회에는 그릇된 가르침을 따르는 이들이 있고, 어떤 교회는 죄악을 용인합니다. 그리스도께서는 박해받는 교회의 수고를 아시면서도 그들이 더 정화되어 성령께 귀 기울이기를 바라십니다. 그렇다면 오늘 우리의 교회는 어떻습니까? 우리는 성령께서 하시는 말씀을 들을 수 있는 귀를 지니고 있습니까?

묵시 4-18장: 봉인, 나팔, 표징

"살해된 것처럼 보이는 어린양이 서 계신 것을 보았습니다"(묵시 5,6)

4장에서부터 요한은 "이다음에 일어나야 할 일들"(묵시 4,1)을 보게 됩니다. 그는 먼저 하늘 어좌에 앉아 계신 분을 봅니다. 그분은 손에 두루마리를 들고 계신데, 5장에서는 그 두루마리의 봉인을 뜯을 어린양이 등장합니다. 이 어린양은 중요합니다. 그 어린양이 계시지 않다면 봉인을 뜯을 수 없고, 두루마리의 내용을 알 수 없기 때문입니다.

두루마리와 어린양

요한은 하늘의 문을 봅니다. 그리스도께서는 하늘 문을 열어 "이다음에 일어나야 할 일들"을 보여 주십니다. "일어나야 할 일들"이라는 표현은 이 세상에서 전개되는 역사가 하느님의 계획에 따라 이루어짐을 의미합니다.

하늘의 어좌에는 하느님이 앉아 계십니다. 하느님의 오른손에 들려 있는 봉인된 두루마리는(묵시 5,1) 바로 이 세상에 대한 하느님의 계획입니다. 누군가 그 봉인을 뜯지 않는다면 우리는 하느님의 결정을 알 수 없습니다. 그 두루마리를 펼치기에 합당한 이가 아무도 없는 것을 보고 요한은 슬피 웁니다. 그러나 이때, 그 봉인을 뜯을 어린양이 나타나십니다.

5장에서는 여러 표현으로 그 어린양을 묘사하는데, 가장 중요한 것은 그 어린양이 살해된 것처럼 보이면서도 서 계셨다는 점입니다(묵시 5,6). 그 어린양은 살해되셨으나 부활하여 살아 계십니다. 그 어린양은 죽음과 부활을 통하여 사람들을 속량하시고 당신 자신을 하느님께 바치신 예수 그리스도이십니다. 그분께서 두루마리의 봉인을 뜯으신다는 것은 그분을 통하여 하느님의 구원 계획이 드러나고 실현되는 것을 의미합니다. 오직 그분만이 구원의 역사를 이끌어 가십니다. "주님께서는 그들이 우리 하느님을 위하여 한 나라를 이루고 사제들이 되게 하셨으니 그들이 땅을 다스릴 것입니다"(묵시 5,10). 그리스도의 나라는 이미 실현되고 있습니다. 그분께서 구원하신 이들은 이미 그 나라에 속합니다.

일곱 봉인과 일곱 나팔

6-7장에서는 봉인을 하나씩 뜯어 갑니다. 처음 네 봉인을 뜯을 때는 매번 "오너라" 하는 소리와 함께 서로 다른 색의 말을 탄 기사들이 등

장하여, 이 세상에 폭력과 전쟁, 기근, 죽음을 가져옵니다. 이 세상에 존재하는 고통과 악이 "오너라"는 부름에 의해 일어난다는 묘사는, 그것이 인간이 제어할 수 없는 어떤 힘에서 나온다는 것을 의미합니다. 이해할 수 없는 악과 고통이 존재한다는 것, 이는 아직 그리스도의 나라가 완성되지 않았음을 뜻합니다. 묵시문학의 세계관에서 이 세상은 선과 악이 충돌하는 장소입니다. 그러나 그 악은 하느님의 지배를 벗어나 있는 것이 아닙니다. 두루마리의 봉인을 뜯고 두루마리를 펼치고 계신 어린양이 역사의 흐름을 이끌고 계시기 때문입니다.

다섯째 봉인을 뜯을 때 요한은 순교자들이 흘린 피에 대한 복수를 "조금 더"(묵시 6,11) 기다려야 한다는 것을 듣습니다. 로마의 박해 속에 살고 있던 신자들에게 구원의 때가 머지않음을 보증하는 것입니다. 여섯째 봉인을 뜯을 때는 해가 검게 되고 달이 피처럼 되는 큰 변동이 일어나, 주님의 날이 다가온다는 것을 선포합니다.

어린양이 일곱째 봉인을 뜯자 일곱 천사가 나타나고, 8-11장에서는 그 일곱 천사가 차례로 나팔을 불기 시작합니다. 이 나팔들은 재앙을 가져옵니다. 피 섞인 우박과 불이 땅에 떨어지고, 불타는 큰 산과 같은 것이 바다에 던져지고, 횃불처럼 타는 별이 강을 덮치고, 해와 달과 별의 삼분의 일이 타격을 입습니다. 그다음에는 메뚜기들이 땅에 퍼지고, 유프라테스에 묶여 있던 천사들이 풀려나 불과 연기와 유황으로 사람들의 삼분의 일이 죽습니다. 요한 묵시록을 읽다가 종말에 대해 무서운 생각을 하게 만드는 부분이 대개 이 장들입니다. 하지만 이 재앙들은 이스라엘이 이집트에서 해방되기 전에 있었던 열 가지 재앙과 연결됩니다. 이집트에 내린 재앙이 이스라엘의 구원을 위한 것이었듯이, 이 재앙들은 마지막 때의 구원을 준비하는 것입니다.

> **마지막 봉인의 역할:** 요한 묵시록의 구조에서는 일곱 봉인과 일곱 나팔, 세 표징을 말하지만 실제로 일곱째 봉인의 내용은 일곱 나팔이고 일곱째 나팔의 내용은 세 표징입니다. 마지막 봉인과 마지막 나팔은 다음 단락으로 연결되는 고리 역할을 합니다.

세 표징과 일곱 대접

12,1에서는 여인, 12,3에서는 용, 15,1에서는 일곱 대접을 든 일곱 천사의 표징이 나타납니다. 간략하게 그 의미만을 요약하겠습니다.

태양을 입고 발밑에 달을 두고 머리에 열두 개 별로 된 관을 쓴 여인이 나타나, 쇠지팡이로 모든 민족을 다스릴 분을 낳습니다. 용은 그 아기를 삼켜 버리려 하지만, 아기는 하느님의 어좌로 들어 올려지고 여인은 하느님의 보호를 받습니다. 이 여인은 메시아를 낳는 하느님의 백성입니다. 그리스도의 나라에 속하는 백성들은 악의 위협과 싸우면서 이 세상에 어린양의 나라를 이루어 가고 있으며, 하느님의 보호를 받습니다. 용의 표징을 이어가는 13장의 두 짐승은 사탄으로부터 권한을 받아 교회를 박해하는 로마를 나타냅니다. 그 짐승의 권한은 제한된 것이기에, 하느님의 백성은 그 박해의 기간을 견뎌야 합니다.

세 번째 표징으로 나타나는 일곱 천사는 일곱 대접을 들고 있습니다. 그들이 대접을 쏟을 때 마지막 일곱 재앙이 일어납니다. 이 재앙은 마지막 심판의 전조입니다. 그 재앙들 가운데 17-18장은 대탕녀 바빌론으로 일컬어지는 로마의 멸망을 나타냅니다.

급히 달려온 것 같습니다. 간략히 요약하여 말한다면, 이 세상 안에서는 선과 악, 어린양의 나라와 세상의 나라가 충돌하고 있으나 역사의 마지막에는 살해당하고 부활하여 살아 계신 그리스도께서 승리하실 것입니다. 그분의 죽음과 부활을 통하여 지금도 이 세상에서는 하느님의 구원 역사가 펼쳐지고 있습니다.

"어좌에 앉아 계신 분과 어린양께 찬미와 영예와 영광과 권세가 영원 무궁하기를 빕니다"(묵시 5,13).

묵시 19-22장: 완성

"어린양의 혼인날이 되어"(묵시 19,7)

거의 끝에 도달했습니다. 박해 속에서, 세상의 악과 싸우면서 걸어가는 요한 묵시록의 교회는 이제 완성의 날을 바라볼 수 있게 되었습니다. 이제 우리도 마지막 심판의 장면보다 완성의 장면에 시선을 고정하겠습니다.

어린양의 혼인 잔치

완성의 때를 나타내는 첫 번째 표상은 혼인 잔치입니다(묵시 19,5-10). 여러 차례 보았던 바와 같이 성경에서 혼인 잔치는 메시아 시대의 상징이기도 합니다. 요한 묵시록에서 어린양의 혼인은 21장에서 완성되는데, 19장에서는 그 잔치에 초대된 이들이 미리 그날을 노래합니다. 묵시 19,5-8에 묘사된 신부는 18,1-8에 묘사된 대탕녀의 모습과 대조됩니다. 그 대탕녀가 하느님을 거스르는 세력이었고 교회를 박해하는 로마 제국이었다면, 어린양께 속하는 신부는 하느님의 백성입니다. 묵시 21,9 이하에서는 어린양의 아내가 될 신부를 예루살렘이라고 부르는데, 그 역시 하느님의 백성을 뜻합니다.

호세아, 예레미야, 에제키엘, 제2이사야에서 이스라엘은 신랑이신 하느님의 신부라고 일컬어집니다. 신부가 신랑에게 속하듯이 이스라엘이 하느님께 속하기 때문입니다. 신약성경에서도 교회는 그리스도의 신부로 표현됩니다(에페 5,23). 그런데 요한 묵시록에서 '신부'라는 단어는 이 마지막 부분에서만 사용됩니다. 완성의 때인 그날이 어린양의 혼인 잔치가 될 것이고, 그날이 오기까지 교회는 혼인 잔치를 준비하는 약혼녀이기 때문입니다. 어린양의 약혼녀인 교회는 혼인 잔치 때에 "성도들의 의로운 행위"(묵시 19,8)라는 빛나고 깨끗한 아마포 옷을 입습니다. 하느님의 나라에 속하는 교회는(묵시 1,6; 5,10 참조), 그 나라가 완성되기까지 혼인 예복을 준비합니다.

새 하늘과 새 땅

사탄의 세력이 패망한 다음, 새 하늘과 새 땅이 펼쳐집니다(묵시 21,1-8). 악이 머무는 장소인 바다는 더 이상 존재하지 않습니다. "거룩한 도성 새 예루살렘이 신랑을 위하여 단장한 신부처럼 차리고 하늘로부터 하느님에게서 내려오는 것을 보았습니다"(묵시 21,2). 예루살렘은 하느님의 백성이고 교회이며, 새 예루살렘은 종말에 완성될 교회를 나타냅니다. 이제 예루살렘은 약혼녀가 아니라 신부이고, 어린양의 혼인 잔치를 위하여 모든 준비를 갖추었습니다.

이 마지막 때에, 구약의 모든 약속이 성취됩니다. 새 하늘과 새 땅은 이사 65,17; 66,22에서 약속된 새로운 미래를 나타냅니다. 하느님의 거처가 사람들 가운데에 있다는 것은 하느님께서 당신 백성 가운데에 머물겠다고 하신 레위 26,11-13의 성취입니다. 그리스도의 육화로 하느님은 사람들 가운데에 거처를 마련하십니다(요한 1,14 참조). 하느님께서 "그들의 하느님으로서 그들과 함께" 계시다는 것은 이사 7,14에서 말씀하신 임마누엘 예언의 실현입니다(마태 1,23 참조). 하느님께서 사람들의 눈에서 모든 눈물을 닦아 주신다는 것은 이사 25,8에서 약속된 것이었습니다. 특히 "나는 그의 하느님이 되고 그는 나의 아들이 될 것이다"(묵시 21,7)라는 말씀은, 다윗의 후손에게 주신 약속이(2사무 7,14) 그리스도께 충실한 모든 이에게 확장됨을 뜻합니다.

새 예루살렘

천사는 요한에게 어린양의 아내가 될 신부인 새 예루살렘을 보여 줍니다(묵시 21,9-22,5). 이 단락에서는 특히 에제 40-48장의 영향이 나타납니다. 예언자 에제키엘은 예루살렘이 파괴된 후에 그 도성의 회복을 내다보며 미래의 예루살렘을 그려 보였는데, 요한 묵시록은 거기에 사용된 많은 표현을 다시 사용합니다.

새 예루살렘에는 열두 성문에 이스라엘 열두 지파의 이름이 적혀 있고 열두 초석에는 열두 사도의 이름이 적혀 있습니다(묵시 21,11-14). 이는 교회가 새 이스라엘이며 완성될 때의 교회를 통하여 옛 이스라엘이 재건될 것임을 나타냅니다. 그 기초가 되는 것은 어린양의 열두 사도입니다. 도성은 길이와 너비와 높이가 똑같아서 정육면체 형태를 이루고 있는데(묵시 21,15-17), 이는 도성의 완전성을 뜻합니다.

무엇보다 눈에 띄는 점은 새 예루살렘에 성전이 없다는 점입니다. "전능하신 주 하느님과 어린양이 도성의 성전이시기 때문입니다"(묵시 21,22). 새 예루살렘에는 성전이 필요 없습니다. 하늘에 계신 하느님의 지상 거처가 성전이었다면, 이제는 하느님의 거처가 사람들 가운데에 있고 그분께서 새 예루살렘의 모든 곳에 현존하시기에 따로 성전이라는 공간이 필요하지 않습니다. 여기서 성전의 신학은 이전과 다른 차원에 이르게 됩니다. 도성 안에는 하느님과 어린양의 어좌가 있고, 그분의 종들은 그분의 얼굴을 뵙게 됩니다(묵시 22,3-4). 하느님의 얼굴을 뵙는다는 것은 구약에서는 상상할 수 없는 일이었습니다. 그러나 새 예루살렘에서는 하느님의 얼굴을 마주 뵙습니다.

구약에서 새 예루살렘을 묘사했던 에제키엘서의 마지막 말은 "이 도성의 이름은 이제부터 '야훼 삼마'이다"였고(에제 48,35), '야훼 삼마'는 "주님께서 여기에 계시다"는 뜻입니다. 요한 묵시록에서도 결론은 같습니다. 주님께서 여기에 계시다는 것, 그것이 바로 우리가 기다리고 있는 마지막 날의 완성입니다. 그 완성은 주님께서 다시 오실 때에 이루어질 것이기에, 요한 묵시록의 저자는 우리에게도 "오십시오" 하고 말할 것을 권고합니다.

"이 일들을 증언하시는 분께서 말씀하십니다. '그렇다, 내가 곧 간다.' 아멘. 오십시오, 주 예수님!"(묵시 22,20)

종주를 마치며

우리는 계속 길을 묻습니다. 길이 끝나는 곳은 어디일까요?

구약 종주를 마치고 신약 종주를 시작하셨다면, 신약을 시작할 때에 그 자리가 길의 종착점이라고 생각하셨을 수도 있습니다. 예언자들의 말씀이 예수님에게서 이루어졌다고 말하는 마태오 복음서에서 이미 우리는 목적지에 도달했다고 믿으셨을지도 모르겠습니다.

그러나 신약성경에서도 길은 계속되었습니다. 동방 박사들은 멀리서부터 예수님의 별을 보고 그분을 찾아왔습니다. 베들레헴에서 태어나시고 갈릴래아에서 공생활을 시작하신 예수님께서는 당신께서 예루살렘으로 가야 한다고 말씀하셨고, 그곳에서 당신의 파스카를 지내십니다. 부활하신 다음에는 다시 제자들을 온 세상으로 보내십니다. 예루살렘으로부터 출발하여 유다와 사마리아, 그리고 땅끝까지 복음을 전하라는 사명을 맡기시고 승천하십니다. 사도행전과 서간들에서는 제자들의 여정이 계속됩니다. 복음을 전하는 이들의 아름다운 발길을 따라 우리도 긴 여행을 했습니다. 바오로 사도의 선교 여행에도 함께했고, 세상 곳곳에 흩어져 사는 신자들의 삶도 만나 보았습니다. 마지막에는 요한의 묵시록에 따라, 이 역사가 어디를 향해 가고 있는지도 바라보았습니다.

그러나 우리의 여정은 아직도 끝나지 않았습니다. 예수님께서 선포하신 그 하느님 나라가 완성되기까지, 주님께서 다시 오시고 새 하늘과 새 땅이 이루어질 때까지 우리의 여정은 계속됩니다. 사도행전에서 예수님께서 승천하신 후 제자들이 하늘만 바라보고 머물러 있는 것이 아니라 땅끝까지 복음을 선포해야 했던 것처럼, 요한 묵시록의 마지막에서 "내가 곧 간다"는 주님의 말씀을 듣고 "오십시오, 주 예수님!"이라고 응답하는 우리는 주님께서 다시 오실 때까지 우리의 순례를 계속합니다.

"주 예수님의 은총이 모든 사람과 함께하기를 빕니다"(묵시 22,21).

신약 종주
예수님과 함께 걷는 여정

서울대교구 인가: 2018년 12월 14일
초판 1쇄 펴낸날: 2019년 4월 26일
5쇄 펴낸날: 2024년 9월 30일
지은이: 안소근
펴낸이: 나현오
펴낸곳: 성서와함께
06910 서울특별시 동작구 흑석로13길 7
Tel: (02) 822-0125~7 / Fax: (02) 822-0128
http://www.withbible.com
e-mail: order@withbible.com
등록번호 14-44(1987년 11월 25일)

ⓒ 2019 안소근
성경 ⓒ 한국천주교중앙협의회

ISBN 978-89-7635-344-3   93230

*이 책에 실린 내용은 펴낸이의 허가 없이 전재 및 복제할 수 없습니다.